北京市优秀青年人才项目"数字中国建设背景下单项式数字资产价值评估研究"（项目号：BPHR202203213）

北京联合大学重点科研项目"数字并购的溢价机制、协同效应和数字化转型驱动效果研究"（项目号：SKZD202304）

政府创业投资引导基金
政策、行为、绩效、机制

崔 婧◎著

Government Venture Capital
Guiding Funds:
Policy, Behavior, Performance, Mechanism

经济管理出版社
ECONOMY & MANAGEMENT PUBLISHING HOUSE

图书在版编目（CIP）数据

政府创业投资引导基金：政策、行为、绩效、机制 /
崔婧著. -- 北京 ：经济管理出版社，2024. -- ISBN
978-7-5096-9963-8

Ⅰ. F832.2

中国国家版本馆 CIP 数据核字第 2024AW9811 号

组稿编辑：丁慧敏
责任编辑：王格格　李浩宇
责任印制：许　艳
责任校对：陈　颖

出版发行：经济管理出版社
　　　　　（北京市海淀区北蜂窝 8 号中雅大厦 A 座 11 层　　100038）
网　　　址：www. E-mp. com. cn
电　　　话：（010）51915602
印　　　刷：北京晨旭印刷厂
经　　　销：新华书店
开　　　本：720mm×1000mm/16
印　　　张：15
字　　　数：242 千字
版　　　次：2025 年 1 月第 1 版　　2025 年 1 月第 1 次印刷
书　　　号：ISBN 978-7-5096-9963-8
定　　　价：98.00 元

前　言

　　当前我国正处于新旧动能转换的关键节点，发展新质生产力成为实现我国高质量发展的关键词之一。构筑新的发展优势，离不开高质量资本的加持，政府创业投资引导基金更是发挥着"四两拨千斤"的重要作用。政府创业投资引导基金（以下简称"政府引导基金"）是由政府出资设立并按市场化方式运作的政策性基金，一般而言，政府引导基金本身不直接参与投资，但是会引导各类投资机构投资于创业企业。2002 年，中关村创业投资引导资金的成立标志着中国政府引导基金发展的开端。我国的政府引导基金正处于蓬勃发展的阶段，期间出现各种问题也是在所难免，其中一个主要的问题是创业投资引导基金偏好与社会基金趋同，即投资偏好、投资行为与纯市场基金的差异不够突出。如果政府引导基金的最终投资偏好与社会基金、纯市场基金趋同，创业投资引导基金的发展就会背离初心，对薄弱环节不能给予足够支持，而且对热点领域竞相跟风投资，与社会资金也会形成竞争。在此背景下，政府引导基金的规模越大，不利影响就越大，其回波效应可能导致政府引导基金自身财务收益也不好，甚至可能导致财政资金产生较大的损失，最终由政府买单。这种同化风险是政府引导基金发展的主要制约因素之一。因此，对于政府引导基金投资的融资效应和融智效果、市场化投资机制的研究就显得尤为重要。

一、研究内容

本书立足于当前政府引导基金发展中的瓶颈问题，系统开展政府引导基金投资的政策量化分析、投资行为特质与影响因素、融资效应和融智效果研究，进而构建创业投资引导基金的市场化投资机制。具体而言，本书的主要研究内容如下：

（1）研究背景和现状。本书概括性地介绍研究背景、研究意义、结构安排、研究方法、技术路线和研究贡献。在此基础上，针对公共创业投资基金的作用和绩效评价、政府引导基金的引导效应和运行监管模式、政府支持与企业创新的研究现状和趋势进行了整理和分析，对现有研究中存在的问题进行了评述。然后开展了政府引导基金的相关理论分析。从理论上分析政府引导基金的内涵、出资方式和管理模式，界定政府引导基金的特征和运行特点，最终深入分析政府引导基金设立与运行现状。对政府引导基金的产生和发展进行了阐述，在此基础上，分析了政府引导基金的运行趋势和存在的问题。

（2）政府引导基金的政策效应。政府引导基金作为引领创新与经济转型的重要推动力，相关政策的效果至关重要。本书对政府引导基金政策进行文本量化分析，并对政策效率进行评价。①采用文本量化方法，研究政策文本年度、政策主体、政策文本类型和政策关键词，并对政策文本的总体演进趋势进行分析。考察了政府引导基金的法律法规等是否完善、是否与当地经济社会的发展相适应、政策发文部门之间的协作程度、投资产业是否与国家和地区的重点发展领域相一致等方面。②根据政府引导基金政策内容的特点构建二级指标体系，对政策力度、目标、措施三个方面进行打分。通过创新绩效和经济绩效两个方面建立产出指标体系，对政府引导基金政策产出结果进行综合评价。研究政府引导基金政策的经济产出、创新产出与政策投入之间的关系，通过分析三者之间的关系来寻求提升政府引导基金政策效率的途径和措施。目前政府引导基金的政策效率有待进一步提升。

（3）政府引导基金的投资行为特质。随着政府引导基金的不断发展，为众多中小企业提供了资金支持和发展契机，同时政府引导基金被越来越多的中小企业创业者和投资者所关注和重视。政府引导基金在投资过程中会表现出其自身的特质：①从被投资的中小企业的财务特征、治理特征、自身特点等出发，研究政府引导基金投资的选择偏好。通过实证分析发现，企业成立时间越短，资产规模越大，股权集中度越高，获得投资的概率越高；投资股权比例越高，资产规模越大，营业利润率越高，获得投资的金额越大。②对政府引导基金进入企业时机的影响因素进行检验。通过实证分析发现，当前政府引导基金更愿意投资创新能力高和市场竞争力好的企业，但并未完全解决初创期企业的资金缺口，成长期和成熟期企业也是政府引导基金主要的投资对象。

（4）政府引导基金投资行为的影响因素。基于社会网络理论，本书将长三角、珠三角和京津冀经济圈的科技型中小企业作为研究样本，采用设计问卷调查的方式来分析企业与同业竞争对手、联盟合作企业、主要客户、政府部门、高校研究机构 5 类主体的社会网络关系，构建结构方程模型，研究网络关系的稳定性、网络强度和网络状态等对政府引导基金投资的影响，其中网络强度影响最大，而网络状态影响最小。政府引导基金对初创期的科技型企业帮助更大，而网络稳定性较强和网络状态较稳定的科技型企业对于政府引导基金的需求减小，网络强度越大越能促进政府引导基金的投资。在此基础上，本书研究了社会资本、知识资本和政府引导基金三者之间的关系，发现了知识资本在其中的中介作用。

（5）政府引导基金投资的融资效应。评价政府引导基金的投资效率和实证检验对企业绩效的影响。①基于政策性目标与经营性目标实现的角度，利用数据包络分析（Data Envelopment Analysis，DEA）模型，对政府引导基金的投资效率进行评价，并分析影响政府引导基金投资效率的因素。规模效率指标目前仍有较大的提升空间，政府引导基金的投资规模、企业净利润以及净利润增长率的影响最重要。②通过建立政府引导基金投资与企业绩效的有序多元 logistics 回归模型，实证检验政府引导基金投资对企业绩效的影响，发现政府引导基金投资与企业创新绩效倾向显著正相关。为如何充分利用政府引导基金的引导功能，促进企业快速发展和创新成长提供了实证证据。

（6）政府引导基金投资的融智效果。考察政府引导基金对企业创新和企业价值的影响。①以新三板定向增发的公司数据为样本，实证检验政府引导基金投资与企业的专利数量、无形资产、研发投入之间的关系，分析政府引导基金投资是否能够带动企业的创新发展，总体上，政府创业投资基金投资对于提升企业的创新具有积极作用。②运用多元回归分析方法，分析政府引导基金投资对新三板公司价值的影响，发现政府引导基金对新三板公司价值的影响路径，进而发现政府引导基金投资与新三板公司价值并未形成显著的相关关系，目前无法体现出政府引导基金投资能对新三板种子期、扩张期公司起到提升公司价值的作用。

（7）政府引导基金的市场化投资机制设计。针对政府引导基金运行过程中涉及的主体，构建政府引导基金的市场化投资机制，提高政府引导基金的投资效率，减少投资中的行政干预。构建的市场化投资机制主要包括容错机制、激励机制、约束机制和监督机制，通过不断完善政府引导基金的投资机制，有效保障政府引导基金的合理使用。

（8）研究结论与建议。首先主要对本书全部研究内容进行总结，得出研究结论，其次提出政策建议，最后提出研究存在的不足之处，并对今后可能的研究方向和内容进行展望。

二、主要观点

政府引导基金作为政府设立的政策性基金，能够引导社会资本进入创业投资市场，缓解企业融资约束，克服"市场失灵"，不断引领创新发展与经济转型，助力创新型国家建设。目前，政府引导基金的发展面临着投资整体效率不高、市场化投资机制不够完善等问题，因此，需要深入分析创业投资引导基金的投资行为特质和投资效率，研究其当前的融资效应和融智效果。

（1）政府引导基金的投资能够激发产业发展新动能，助力供给侧改革。政府引导基金投资的有效性是其作用发挥的重要体现。政府引导基金作为政府支持新兴产业和创业企业发展的新途径，其表现出的投资行为特质和配置效应是分析其投资有效性的重要内容，通过对相关问题进行深入研究并得到可靠的研究结论，才能从根本上解决企业发展早期的资金困境，更好地服务于创业企业。

（2）政府引导基金的杠杆效用和导向效用是其作为政策性基金的最典型特征，其自身存在对安全性与逐利性的博弈。政府引导基金在投资中更强调财政资金的安全性，对投资失败的容忍度不高，这是政府引导基金在高风险领域投资不足的主要原因，因此，设计有效的投资机制才能实现政府引导基金在产业引领、创新发展的促进作用和财政资金的安全性等多重目标。

（3）政府引导基金投资行为的规范化发展，必须采用市场化运作方式，降低行政干预的影响。政府引导基金是非营利性的，并不是以追求收益为目标，而是通过政府的资金投入，引导社会资本的资金投向，激励社会资本更好地为经济社会的发展做出有力支持。通过明确各类主体的角色定位，系统构建政府引导基金的市场化投资机制对其投资行为进行规范，才能提高政府引导基金的投资效率。

三、研究创新

政府引导基金是当前创新驱动和高质量发展的重要推动力量。近年来，对政府引导基金的研究受到了学术界重视，现有研究多从政府引导基金宏观层面的引导效应、运营模式和绩效评价方面进行分析，并没有关于政府引导基金投资行为的系统研究。推进政府引导基金投资的理论研究，需系统开展政策效果评价、投资特质与影响因素分析、配置效应的研究，进而构建政府引导基金的市场化投资机制。本书可能在如下方面有所创新：

（1）基于资源基础观，提出政府引导基金投资的影响因素，分析其配置效应。针对政府引导基金投资的现状，分析其投资特质和影响因素，在此基础上，考察其融资效应和融智效果，对其投资行为的前因和后果进行系统性研究，为后续的市场化投资机制设计提供检验证据。

（2）采用政策文本量化方法开展政府引导基金政策的量化评价研究。针对政府引导基金政策进行量化分析，考察政府引导基金法律法规的完善性、适应性、协作程度等，并对政策进行评价。

（3）从政府引导基金运行过程中不同主体的角色定位角度，构建政府引导基金的市场化投资机制。准确界定基金管理公司、商业银行、政府出资人和社会出资人的角色，构建包括容错机制、激励机制、约束机制和监督机制在内的政府引导基金的市场化投资机制，规范其投资行为，提高投资效率。

四、研究结论

本书的研究结论如下：

第一，政府引导基金政策能够有效促进多方面发展，但政策效率存在地区间差异。本书从政策文本年度数量、政策发文的主体、政策文本类型、政策关键词等方面对政府引导基金政策进行了文本量化研究，研究发现京津冀地区作为北方经济版图的核心区域，政府引导基金对促进地区大发展、地区创新创业以及养老服务等起着促进作用。在此基础上，从政策力度、政策目标、政策措施三个维度构建了政策效率评价指标体系。通过层次分析法和熵值法对政府引导基金政策创新绩效和经济绩效两方面的产出水平进行赋权，运用灰色关联度对政府引导基金政策与创新绩效、经济绩效之间的关系进行测量，研究结果表明政府引导基金还需要进一步提高政策效率。

第二，政府引导基金政策的协同机制有待建立。本书运用"北大法宝"，收集政府引导基金相关政策，对纳入研究样本的引导基金政策进行文本量化分析。京津冀地区出台了大量的政策，为京津冀地区的发展提供了政策支持，然而政府引导基金政策也有不足，未能充分发挥对我国经济发展的引导作用，本书通过对政策文本的年度分析、政策主体、政策的文本类型、政策的关键词等进行文本量化分析可以看出，政府引导基金政策协同机制未建立、引导基金分布不均匀、同质化严重。政府引导基金重点关注创新服务与创新发展、产业发展与产业转型、民间服务产业外包、金融科技与小微企业、海洋经济与卫生五大方面的内容。

第三，政府引导基金政策效率还存在可提升空间。本书以京津冀三地 2005～2018 年的 518 条政府引导基金政策作为研究对象，对其经济产出、创新产出与政策投入之间的关系进行研究，结果显示：从政策效率的方面来看，京津冀三地政府引导基金政策效率达到较为理想的水平。从政策投入与产出效率的角度来看，京津冀三地政策效率均体现在创新绩效方面，北京和河北两地政策效率主要体现在国内发明专利申请数量上，而天津主要体现在技术市场成交额。从政府引导基金的政策效率和综合产出指标来看，津冀两地政策效率都达到比较理想状态，差距较小。从政策力度、目标、措施和综合产出指标的效率来看，北京的政策力度、目标、措施与其政策产出的效率较低，可能是由于政府引导基金政策只是推动政策成果产出的原因之一而并非主要原因。河北在其政策目标与政策产出的效率离理想效果还存在一定差距。津冀两地的力度与措施方面的效率较高，达到比较理想的效果，离完全发挥政府引导基金政策效率还存在较大差距。因此，京津冀三地的政府引导基金政策效率还存在可提升空间。综上所述，天津和河北两地政府引导基金的政策效率较为理想，北京政府引导基金的政策效率相对较低，还需要进一步提升。

第四，政府引导基金投资对象选择受多因素影响。对于影响政府引导基金是否投资的因素，本书设置了净资产收益率、资产负债率、企业成立时间、资产规模、营业利润率、资产的流动性、主营业务收入增长率、股权集中度八个变量；对于影响政府引导基金投资金额的因素，设置了净资产收益率、资产负债率、成立时间、资产规模、营业利润率、资产的流动性、营业务收入增长率、股权集中度、投资轮次、投资股权等十二个变量。通过数据分析，得出以下结论：企业成立时间越短、资产规模越大、股权集中度越高，获得投资的概率越高；投资股权越高、资产规模越大、营业利润率越高，获得投资的金额越高。其余变量未能通过显著性检验。

第五，企业的网络关系能够显著影响其能否获得政府引导基金的投资。通过获取科技企业与5个主体的社会网络关系，构建结构方程模型来实证研究企业的网络稳定性、网络强度、网络状态等。经过研究得到如下结论：科技型中小企业的网络稳定性、网络强度、网络状态对企业政府引导基金的持股具有显著的影响，就影响力大小而言，网络强度影响最大，而网络状态影响最小。

第六，社会资本对企业获得政府引导基金投资具有积极影响，且知识资本具有中介作用。本书将长三角、珠三角、京津冀三大经济圈的科技型中小企业的作为研究样本，对社会资本、知识资本和政府引导基金三者的关系进行研究，得出如下结论：①社会资本与政府引导基金持股呈正相关关系。②知识资本与政府引导基金持股呈正相关关系。③在加入知识资本之后，社会资本对政府引导基金持股的影响更显著，知识资本在社会资本与政府引导基金持股间起中介作用。

第七，政府引导基金投资时机选择的影响因素较多。本书主要研究被投资企业所在地区的发达程度、被投资企业的创新能力、市场竞争力和股权集中度对政府引导基金投资时机选择的影响。本书研究发现：①政府引导基金进入发达地区的企业较早，而在经济不发达地区政府引导基金进入企业的时间较晚。②被投资企业的创新能力与政府引导基金进入企业的时机呈正相关关系，即政府引导基金更愿意选择成长期和成熟期的投资创新能力高的企业。③被投资企业的市场竞争力与政府引导基金进入企业的时机正相关，即市场竞争力更好的企业，政府引导基金将在该企业经营的成长期和成熟期进入，以获取更高的收益。④政府引导基金投资所占股权比例与进入企业的时机的关系不显著。

第八，政府引导基金的投资效率有待提升。本书建立了包括投资规模、企业规模等在内的 8 个评价指标，并利用 DEA-C2R 模型对我国 25 只参股支持模式下的政府创投基金子基金的投资效率进行评价。当前政府创业投资引导基金需从政策、投资机构、受投资企业等多方面展开创新，放宽投资限制，提升各方管理水平，增强机构与企业基金管理能力，提升基金运作效率。

第九，政府引导基金投资能够有效提高企业绩效。本书选取 550 家中小型高科技企业的数据，利用 SPSS（Statistical Product and Serrice Solations）数据处理软件进行有序多元 logistics 回归分析，分析了政府引导基金投资对企业绩效的影响，企业绩效采用创新绩效和成长绩效来衡量，其中创新绩效以绝对创新能力和相对创新能力来度量，成长绩效用企业利润率和市场份额增长速度来度量。实证分析的研究结果表明，政府引导基金与企业创新绩效倾向显著正相关，政府引导基金与企业成长绩效倾向也是如此。

第十，政府引导基金投资对企业创新具有积极影响。本书选择三个代理变量来衡量企业创新，分别是无形资产、研发费用和专利数量。基于企业面板数据进行回归后，得到如下结论：①我国政府创业投资基金投资总体上对于提升企业的创新有积极作用。②政府投资引导基金投资对企业的发明专利数量和研发投入支出有显著的积极作用。③政府投资引导基金投资对企业的无形资产没有显著影响关系。④无论是扩张期的企业还是成熟期的企业，政府投资引导基金的投资对企业创新都具有正向的影响关系。由此可见，政府引导基金投资可以通过引导企业在研发费用支出、发明专利方面促进企业创新。

第十一，政府引导基金投资并未能提升企业价值。本书分别从两个方面来衡量政府引导基金投资对企业价值的影响：是否获得政府引导基金投资、政府引导基金投资的股权比例。经研究发现，新三板公司价值与政府引导基金投资间不直接相关，具体而言，对全样本公司而言，是否接受投资指标未体现出对公司价值的显著影响，说明是否接受政府引导基金投资与公司价值相关性不大。而在接受政府引导基金投资公司中，政府引导基金投资持股比例的影响也不显著，说明政府引导基金持股比例与公司价值相关性较小。

第十二，政府引导基金的投资机制必须充分体现市场化。本书在政府引导基金系统化研究的基础上，构建政府引导基金的市场化投资机制，主要包括容错机制、激励机制、约束机制和监督机制，通过不断完善政府引导基金的投资机制，有效保障政府引导基金的合理使用。

五、对策建议

基于以上的研究结论，本书提出以下几方面的对策建议：

（1）提升政府引导基金政策效率的建议。首先，建立政府引导基金政策协同机制。由于各地区经济发展水平参差不齐，例如，在京津冀地区，北京是我国的政治中心，资金雄厚，天津是金融创新中心，河北省相对较落后。而京津冀联合发文量较少，因此，河北省应该主动与天津、北京联合起来，促进资源的优化整合，同时各部门应该协同联合发文，提升部门之间协同机制，满足京津冀一体化的多样化需求。

其次，完善地区政府引导基金法律制度。目前，各省份颁布的政府引导基金政策以实施细则类为主，即通知、通告、指南、公告相对较多，而规章条例类较少。另外，虽然现在政府设立引导基金项目比较多，但是大部分投向成长期和成熟期的企业，而初创期的企业对资金的需求量大，却缺乏资金支持。

再次，完善政府投资基金信息披露制度。针对同质化扎堆的问题，政府部门应及时向监管部门披露信息，优化引导基金合理配置，政府应把引导基金合理分配到需要扶持的小微企业、服务外包企业、海洋经济等，使得急需资金的产业及时得到资金支持，尽量避免政府引导基金同质化扎堆，不得在同一行业或领域重复设立基金，促进多种经济体健康发展。

最后，协同创新利益分配机制及资金投资策略。由于政府引导基金存在使用效率低下等问题，因此，应该将市场收益分配份额交给企业，基金和承包方索取固定收益，企业获取剩余价值，这样企业为了使剩余价值发挥最大作用，在创新后期阶段向承包方投资，从而激励承包方提高创新投入，实现基金效益最大化。改善基金使用效率低下的情况，从而促进创新型企业的发展，推动产业结构的优化升级。

（2）加强政府引导基金监管的建议。目前政府引导基金还不成熟，尚有许多待完善的机制，法律规定也没有得到很好的监管与落实。只靠市场驱动企业的融资需求或者单纯靠政府推动引导基金都没办法实现长久监管。很多问题都需要引起监管部门的重视，并加强监管力度。

首先，监管部门要进一步完善监管体系，政府投资引导基金发展的规模和节奏要受到管控。根据国外的经验，通常新兴产业创业投资、投资风险较高，然而政府引导基金规模相对有限，更需严防隐性债务增加，不能对社会资本承诺固化收益、兜底回购。还要加强与基金公司、银行的合作，及时监督、审查基金的预算执行情况，监管机构也需进一步完善，加强对投资企业的监督力度，避免和减少因被投企业出现重大经营变化而造成的基金投资收益损失。此外，还要强调风险共担原则，政府以出资额承担有限责任，预防基金运作过程中可能出现的道德风险。

其次，设置政府引导基金管理机构。在国家统一管理的基础上，地方政府根据政府投资引导基金的管理要求和投资行为要求，明确地方政府职责，政府不得干预中小企业的日常经营及基金的决策等。同时，设立专门的预算部门，防止基金重复设立，对资金结余进行分析，减少资金结余。建立区域性的投资基金的管理机构，在统一要求下，针对具体情况，因地制宜，制定更有利于引导基金、第三方投资机构、被投资的中小企业以及地区经济的规定。另外，监督机构应该建立多方位的考核机制。对政府引导基金进行考核，需监督或者考察政府引导基金投资的中小企业是否有潜力，以及是否值得投资。也要考核被投资后企业的各项财务指标，例如，销售收入增长率、净利润增长率等；考核引导基金自身的财务指标，例如，基金的内部收益、退出项目的本金回收比率等；考核引导基金自身运营的运营指标，例如，资金到位情况、项目方案、提交质量与及时性等，由于政府创业投资引导最重要的作用之一是杠杆作用，所以考核引导基金的杠杆放大倍数是重中之重。

最后，政府间合作建立协同引导基金。地方政府可与其他省份的地方政府合作，将两地政府的财政资金结合起来合理使用，资金在精而不在多，充分激发市场活力，最重要的是，双方政府可将得到的资源进行互换，更好地发挥引导基金的作用，同时降低总成本。

（3）改进政府引导基金投资效率的建议。首先，提高政府创业投资基金的市场化运作程度，促进政策性和市场化的统一。外国的情形显示，如果忽视市场需求，仅依靠政府推动引导基金，会缺乏实体支撑、产业基础，不会长久运行。平衡好政府的政策目标导向和基金管理投资人的需求是政府引导基金可持续发展的关键。政府前期需要科学布局，基金的运行管理要配备及时、有效的跟踪和监督，确保不偏离政策目标。并且，政府不能越位，坚持市场化运作原则。调整相关限制政策，优化基金的投融资结构。实现小与大规模、公益与盈利、跨区域、跨项目投资的结合、对接、整合。

其次，统筹整合各类创业投资引导基金，更大力度发挥基金合力。制定政策，对基金投资地域的限制适度放宽，支持和鼓励优秀基金管理人才和机构跨地区流动，均衡政府引导基金区域的发展。适当引进国外资金雄厚、专业经历丰富的风投机构合作，结合我国国情，给政府引导基金予以专业建议。从而有助于创业企业获得先进的国外技术，更好地利用政府创投基金促进企业创新。

再次，建立网上信息共享平台。由于各地区的政府投资引导基金具有强烈的地区保护色彩且政府引导基金投资地区分配不均。建立网上信息共享平台并将政府引导基金和需要被投资的中小企业的信息及相关需求放上去，可以减少各地区政府引导基金的地域局限。政府可以筛选出与创业投资引导基金需求符合度较高的中小企业进行投资，当有资金结余的时候，也可以从中筛选出有潜力的中小企业进行投资，减少结余结转，高效利用资金，避免资金浪费。中小企业的数量远大于投资基金数量，政府不能了解到每一个中小企业，投资过程中可能会错过有潜力有发展的企业，通过该平台，中小企业也可以看到投资基金的相关信息，找到适合自身且有希望投资自身的引导基金，主动联系基金方，如基金评估后认为可投资，可实现双赢。

最后，引进和培养专业性人才。政府引导基金机构内部应多培养专业性人才，提高其综合素质，并适当从外部引进在投资中小企业的方面较为权威的专家。在考察中小企业阶段，不能被企业展现出的表象所蒙蔽，筛选出真正有发展潜力的企业，当引导基金出现问题或者被投资企业出现问题时，可以很快分析出问题所在并及时解决。在基金建立之初，就可根据具体情况选择该基金的运行模式，达到事半功倍的效果。相应地，可以给予优秀人才一些物质上的奖励，如增加科研经费或者享有津贴等，可以调动优秀人才的积极性，使其可以更好地进行相关指导。

六、研究不足与未来展望

本书经过 3 年多的深入和系统研究，基于理论和实证分析，得到了创业投资引导基金的融资效应和融智效果等结论，并基于此构建了创业投资引导基金的市场化投资机制，取得了一定的研究成果，能够为创业投资引导基金的投资管理提供很好的理论参考。但是本书也存在以下不足之处：

第一，在研究过程中，本书对创业投资引导基金的运行和投资情况进行了广泛调研，对创业投资引导基金的整体情况有了深入的了解，并进行了理论分析，但是针对个案的持续和长期的追踪本书并未涉及，这也是今后研究需要加强的地方。对于政府引导基金的发展来说，不同发展阶段的运行特点和投资机制存在一定的差异，采用案例研究法能够将单只政府引导基金在不同发展阶段和不同生命周期中的特征进行详细的记录和分析，能够为政府引导基金不同发展时期的绩效考核提供有力的理论支撑。

第二，本书集中政府研究创业投资引导基金的配置效应和投资机制，并采用系统分析法构建了政府创业投资引导基金的市场化投资机制，但并未针对不同主体之间的网络关系进行系统刻画和调研，在今后的研究中将深入考察政府引导基金运行过程中各主体之间的网络关系，为后续界定网络主体地位和网络改进提供政策建议。

第三，从微观层面研究政府引导基金的配置效应，还需要分析政府引导基金投资对创业成本的影响。对于创业企业来说，创业成本的高低将影响其生存和发展能力，政府引导基金投资对创业成本的影响也是很重要的理论研究内容，由于时间原因，目前并未涉及此内容。

目 录

第一篇

研究背景和现状

1　绪　论

本章主要包括研究背景、研究意义、研究思路、研究内容、研究方法、研究贡献，本章内容为本书的整体框架，是后续研究的基础。

1.1　研究背景

近年来，经济增长的速度逐渐放缓，整体趋于平稳，政府的经济工作重点不再是经济增长速度，而是经济转型和产业结构升级。

从发达国家经济发展过程中可以看到，在经济转型和产业结构升级中，以高新技术产业为首的新兴产业做出了重要的贡献，早期创业企业也发挥了重要作用。但是由于初创企业在成长过程中不可避免地面临高风险以及重大的不确定性，因此其在资本市场以及银行间市场中获得的资金不足。随着我国创业投资领域的发展以及政策的支持，近些年初创企业融资难问题已经有了很大程度的缓解，但是由于绝大多数创业投资机构成立的目的是使资本保值增值，由此导致其投资标的往往是处于高速成长期、具有一定确定性的、投资回收周期较短的企业，而商业模式不成熟、行业运行模式尚处于探索期的企业很少能获得投资。因此，市场化的创业投资机构并不能完全解决早期创业企业融资难问题，于是，创业投资领域"市场失灵"现象也随之而发生。在这种情况下，作为"看得见的手"的政府应当在早期创业企业融资难问题中发挥一定的作用，如政府可以通过财政资金的方式进入创业投资领域，从而刺激创业企业的行业发展和领域发展，进而达到促进产业发展和经济发展的目标。因此，解决早期创业企业融资难问题的全新途径就是设立政府引导基金。

世界上许多发达国家为了支持国内创业投资领域和早期创业企业的发展，都是通过政府资助手段来引导社会资本的流向。通过不断探索，澳大利亚、美国、以色列、英国等国家建立了较为完整和成熟的运作系统，为新兴产业的发展创造了良好的条件。从这些国家的经验来看，政府财政资金的介入会对社会资本起导向作用，使其进入创业投资领域和支持战略性新兴产业发展。政府本身"不失灵"也成为政府介入创业投资领域的前置条件。在传统模式中，中国政府主要通过看似全面的税收减免、无偿拨款等方式来支持中小企业的发展，但这种方式缺乏针对性，因此并没有取得令人满意的效果，也没有很好地把握行业和企业的发展趋势，导致创新成果产业化的效率较低，而且由于资金使用决策不透明，容易形成腐败，因此政府难以避免"政府失灵"。在此背景下，政府引导基金结合了政府和市场的优势，成为近年来政府支持新兴产业和初创企业发展的有效措施。

随着国内创业投资的蓬勃发展，各类创业投资引导基金如雨后春笋般涌现，规模呈爆发式增长。政府引导基金是以吸引社会资本进入创业投资领域为目的，而设立的以市场化方式运作的政策性基金，是政府支持早期初创企业发展的政策工具，用于支持初创企业的发展和成长，尤其是高科技领域的创业企业。因此，政府引导基金的公共政策属性更为明显。此外，政府引导基金吸引社会资本参与创业投资，发挥着财政资金的杠杆作用，市场力量的介入对政府引导基金具有重要意义，一方面，社会资本的参与弥补了政府投资管理能力和经验的不足，促进了资源更加合理有效的配置；另一方面，通过杠杆吸引更多的社会资金，从而支持更多初创企业的发展，有助于共同发挥"有形的手"和"无形的手"的效用。

从本质上讲，政府引导基金是一个具有中国特色的概念，是在借鉴创业投资基金经验的基础上提出的。但是由于政府引导基金运作时间短，市场化运作模式与行政管理模式没有得到有效整合，政府引导基金在政策制定、管理和实施中仍暴露出许多问题。目前，政府引导基金对企业的投资并没有从根本上解决企业发展早期的资金困境。政府引导基金在投资过程中的两大核心问题——"花好"和"管好"始终没有得到很好的解决，资源配置不够合理，缺少市场化投资机制。因此，系统研究政府引导基金的政策效果、投资特性和影响因素、投资的经济后果，以及投资机制设计等具有重要的意义。希望本书的研究能够为后续优化政府引导基金的资源配置提供理论参考，为未来政府引导基金的政策完善和管理优化提供思路和方法。

1.2　研究意义

本书立足于政府引导基金在投资中的现实困境，基于理论创新和实践发展的迫切需要，在文献梳理的基础上，分析政府引导基金的发展现状，试图从宏观视角分析其政策效果，并从微观视角检验政府引导基金的投资特性、影响因素和配置效应，为规范政府引导基金的市场化发展、提高运行效率提出政策建议。

1.2.1　理论意义

现有研究在政府政策对创业投资活动的影响和作用、各国（地区）政府引导基金的运作实践和经验总结以及政府直接参与风险投资活动的方式和必要性等方面取得了成果。现有研究几乎都是从定性和实证的角度进行分析，认为创业投资引导基金制度能够有效促进创业投资企业的发展。然而，现有的研究侧重于对政府引导基金实际情况的分析和经验的总结，缺乏理论性的研究和定量研究。本书立足于资源基础观，系统研究政府引导基金的投资行为，一方面，突破以往大多研究注重理论阐述、缺少数据验证的研究现状，能够丰富、补充和完善国内外关于创业投资引导基金的理论研究成果；另一方面，创业投资引导基金是转变政府职能、减少政府对市场直接干预的重要改革举措，对政府引导基金的研究，能够为政府在其他市场领域的参与模式、管理方式提供理论借鉴。

1.2.2　现实意义

本书研究的现实意义主要源自政府引导基金实践发展的客观需要。世界上许多国家和地区都实行了政府创业投资基金制度，希望以此来吸引社会资本的投入，促进创业投资行业的发展。然而，在实践中，不同国家和地区创业投资引导基金本身的机制环境、投资模式、管理模式和监管模式都有很大差异，因此导致政府引导基金政策的实施效果也不尽相同。鉴于此，本书主要研究政府引导基金投资的影响因素、融资效应和融智效果，既为制定和完善创业投资引导基金市场化投资运作的具体措施和手段提供实践指导，又为政府在创业投资引导基金的政策制定和评估实践中提供理论参考。

1.3 研究思路和研究内容

1.3.1 研究思路

本书的研究思路如图1-1所示。

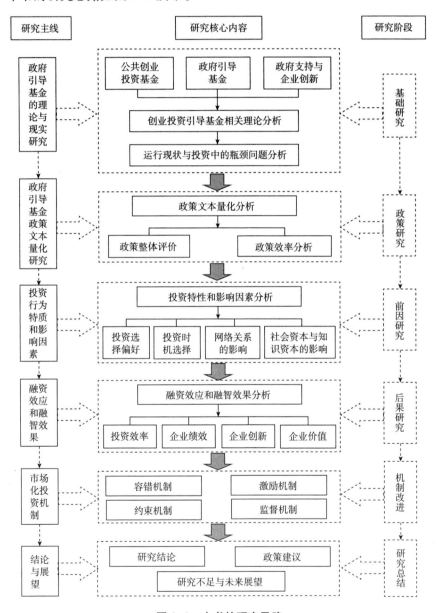

图1-1 本书的研究思路

1.3.2 主要内容

目前对政府引导基金的研究相对匮乏，并且对政府引导基金配置效率的研究不多见。本书基于政府引导基金投资数据，研究了政府引导基金投资的影响因素、融资效应、融智效果和市场化投资机制等，并提出政策建议。本书的内容安排如下：

第一篇 研究背景和现状。

第1章 绪论。本章作为开篇，概括性地阐述了全书，介绍了本书的研究背景、研究意义、结构安排、研究方法与技术路线，并对本书的研究方法和研究贡献进行简要概述。

第2章 相关研究的历史演进与发展趋势。本章对之前的研究进行了文献梳理，对公共创业投资基金的作用和绩效评价、政府引导基金的引导效应和运行监管模式、政府支持与企业创新的研究现状进行了整理和分析，对目前现有研究中存在的问题进行了归纳，为后面的研究做铺垫。

第3章 政府引导基金相关理论分析。本章从理论上分析了政府引导基金的内涵、出资方式和管理模式，界定了政府引导基金的特征和运行特点，为后续的研究奠定了理论基础。

第4章 政府引导基金设立与运作现状。本章在理论分析的基础上，阐述了政府引导基金的产生和发展过程，进而分析了政府引导基金的运行趋势及存在的问题。

第二篇 政府引导基金政策的量化分析。

第5章 政府引导基金政策的文本量化分析——以京津冀为例。本章以京津冀地区的政府引导基金政策作为研究对象，系统分析各年度政策文本、政策主体、政策文本类型和政策关键词，并对政策文本的总体演进进行了分析，从而对政府引导基金的政策进行评价。

第6章 政府引导基金政策效率评价——以京津冀为例。本章以京津冀地区的政府引导基金政策为例，对其经济产出、创新产出与政策投入之间的关系进行研究，来寻求提升政府引导基金政策效率的对策。

第三篇　政府引导基金的投资行为特质和影响因素。

第7章　政府引导基金的投资选择偏好。本章主要考察政府引导基金在选择投资对象方面的偏好，找到主要影响因素。本书研究的影响因素包括被投资企业的盈利能力、流动性和股权集中度对投资选择偏好的影响。

第8章　政府引导基金的投资时机选择。本章在政府引导基金的理论基础、研究成果基础上，收集和整理创业投资引导基金投资的数据，利用 Ologit 模型对创业投资引导基金进入企业时机的影响因素进行实证检验。主要选取的影响因素包括被投资企业的创新能力、被投资企业的市场竞争力和政府引导基金投资股权比例等。

第9章　网络关系对政府引导基金投资的影响。本章采用问卷调查的方式获取了科技型中小企业的社会网络关系，构建包含科技型中小企业与5类主体的社会网络关系的结构方程模型，并且实证研究了企业网络关系的稳定性、网络强度、网络状态等对政府引导基金投资的影响。

第10章　社会资本、知识资本与政府引导基金投资的关系。

本章将长三角、珠三角、京津冀经济圈的科技型中小企业作为研究样本，通过问卷调查建立相应的研究假设，实证分析了社会资本、知识资本和政府引导基金投资三者之间的关系。

第四篇　政府引导基金投资的配置效应研究。

第11章　政府引导基金的投资效率评价。本章通过建立包括投资规模、企业规模等在内的8个评价指标，并利用 DEA-C2R 模型对政府引导基金的投资效率展开研究，实证分析其影响因素。

第12章　政府引导基金投资与企业绩效。本章通过建立政府引导基金投资与企业绩效的有序多元 logistics 回归分析，实证检验政府引导基金投资对企业创新绩效和成长绩效的影响，其中创新绩效以绝对创新能力和相对创新能力来度量，成长绩效用企业利润率和市场份额增长速度来度量。

第13章　政府引导基金投资与企业创新。本章主要以我国新三板定增公司数据为基础，实证研究了政府引导基金投资与企业创新的关系。

第14章　政府引导基金投资与企业价值。本章运用多元回归分析方法，探究了政府引导基金投资对新三板公司价值的影响，主要考察的变量包括是否接受投资和投资金额大小对公司价值的影响。

第五篇　创业投资引导基金的市场化投资机制设计。

第15章　政府引导基金的市场化投资机制。本章在上述研究基础上，构建政府引导基金的市场化投资机制，主要包括容错机制、激励机制、约束机制和监督机制，通过不断完善政府引导基金的投资机制，有效保障政府引导基金的合理使用。

第六篇　研究结论与建议。

第16章　结论及展望。本章基于前文的分析，总结全书，提出政策建议，指出了本书研究存在的不足，并对今后的研究提出展望。

1.4　研究方法与研究创新

1.4.1　研究方法

（1）理论分析方法：基于资源配置相关理论，广泛查阅国内外有关创业投资引导基金、公共创业投资资本等文献资料，系统梳理出现有研究的前沿和趋势，掌握相关领域最新研究动态和方向，为本书开展研究奠定良好理论基础。

（2）调查问卷方法：针对长三角、珠三角、京津冀三大经济圈的科技型中小企业开展问卷调查，了解政府引导基金投资的现状，并为实证研究提供数据支持。

（3）实证分析方法：将北大法宝法律数据库中的政策信息进行量化，采用统计分析、层次分析、灰色关联度等方法进行政策文本量化分析和效率评价。基于问卷调查数据和清科私募通中的政府引导基金数据，采用描述性统计、各类回归分析等检验政府引导基金的投资特质、影响因素和配置效应，评价其投资效率。

（4）系统分析法：采用系统分析法进行政府引导基金的投资机制设计，从理论上构建包含"四主体、四内容"的市场化投资机制。

1.4.2 研究创新

政府引导基金是当前企业创新驱动和高质量发展的重要推动力量。近年来，对政府引导基金的研究受到了学术界重视，但现有研究多从政府引导基金宏观层面的引导效应、运营模式和绩效评价方面进行分析，并没有关于政府引导基金投资行为的系统研究。推进政府引导基金投资的理论研究，需系统开展政策效果评价、投资特质与影响因素分析、配置效应研究，进而构建政府引导基金的市场化投资机制。本书可能在如下方面有所创新：

（1）基于资源基础观，提出政府引导基金投资的影响因素，分析其配置效应。针对政府引导基金投资的现状，分析其投资特质和影响因素，在此基础上，考察其融资效应和融智效果，对其投资行为的前因和后果进行系统性研究，为后续的市场化投资机制设计提供检验证据。

（2）采用政策文本量化方法开展政府引导基金政策的量化评价研究。针对政府引导基金政策进行量化分析，考察政府引导基金法律法规完善性、适应性、协作程度等，并对政策效率进行评价。

（3）从政府引导基金运行过程中不同主体的角色定位角度，构建政府引导基金的市场化投资机制。准确界定基金管理公司、商业银行、政府出资人和社会出资人的角色，构建包括容错机制、激励机制、约束机制和监督机制在内的政府引导基金的市场化投资机制，规范其投资行为，提高投资效率。

2 相关研究的历史演进与发展趋势

本章将对公共创业投资基金、政府引导基金、政府支持与企业创新相关理论进行梳理。其中，公共创业投资基金相关理论主要从公共创业投资基金的作用和绩效评价两个方面进行综述；政府引导基金相关理论主要基于政府引导基金的引导效应、运行模式与监管进行归纳和总结；在此基础上整理和分析目前政府支持与企业创新研究的相关文献。最后进行文献述评。

2.1　公共创业投资基金的相关研究

2.1.1　公共创业投资基金的作用

早前有学者关注了风险投资在促进经济增长和市场发展中发挥的重要作用（Cheng 等，2019；Zhang 等，2020），原因是风险投资更倾向于将资金投给具有发展潜力的科技型初创企业（Trabelsi & Siyahhan，2021）。然而，由于信息采集和监督成本较高，风险投资本身追求高回报，科技型中小初创企业仍然面临着高融资成本和低效率问题（Li，2017）。因此，风险投资市场需要政府的干预和引导，以纠正风险资本配置的市场失灵（Vogelaar & Stam，2021）。无论是发达国家还是发展中国家，政府都非常重视对风险资本的支持和引导（Jääskeläinen & Maula，2007）。各国的风险投资市场上都存在着功能和类型相似的政府引导基金（Xu 等，2020）。

Holmstrom 和 Milgrom（1991）开创性地研究了对私人创投不具有吸引力的投资项目中，政府创业投资基金的重要性。有学者发现创业投资基金推动了风险投资和私募股权投资的发展（Anthony Bartzokas & Sunilmani，2004；Cumming，2007；Guerini M. & Quas A.，2016），有助于解决市场失灵（Maula & Murray，2003）。也有研究表明创业投资基金对社会创投资本没有影响（Leleux & Surlemont，2003），甚至对社会创投资本具有挤出效应（Brander 等，2008）。

随后的研究包括公共创业投资基金对创业企业成长和融资（Lerner，1999）、支持欧洲年轻的高科技企业投资的有效性（Wallsten，2000）、创业企业创新（Bertonia & Tykvovab，2012；Bertoni F. & Tykvová T.，2015；Massimo G.，2016；Pierrakis Y. & Saridakis G.，2017）、创业企业成功（Brander et al.，2014）、创业企业销售量和员工数量（Grillia & Murtinu，2014）、企业绩效（Dong-Won Sohn，Hyun Jeong Kim & Wonchang Hur，2012；James Brander，2015）、企业融资（Prohorovs A. et al.，2017）的影响。部分研究比较了公共创业投资基金与私人创业投资基金的激励作用差异（Sonnek，2006；Bottazzi et al.，2008；Luukkonen et al.，2013；Lim S. & Kim Y.，2014；Yan Alperovych et al.，2015；Guerini M.，2016；Cumming et al.，2017）。总体而言，公共创业投资基金能够促进市场的发展和缓解企业的融资约束（Soleimani Dahaj & Cozzarin，2019），激发其活力和促进其创新，推动城市创新水平提升。

2.1.2　公共创业投资基金的绩效评价

国外对公共创业投资基金的绩效评价研究起步较早，研究成果较丰富。Lerner（1999）发现通过优惠贷款吸引社会资本效果明显，政府在公共创业投资基金中不能充当直接投资者的角色，因为政府缺少直接评价和选择的能力。有学者从不同角度构建了创业投资基金的绩效评价体系，包括引导作用和示范效应（Lerner，2001；Bartzokas & Mani，2004）、基金盈利能力、投资管理、IPO 退出后的收益绩效（Cumming，2007）、基金运作周期和基金退出机制、公司的存活率（Marc Cowling et al.，2008）等。学者对加拿大 LSVC 项目（Gumming & Mac Intosh J. G.，2005）、澳大利亚创新投资基金（Cumming，2005）、美国小企业投资公司（Jonathan G. S. Koppe，2008）进行了绩效评价。Federico M. 和 Laura T.（2009）发现有政府背景的基金中途退出率相对于私人风险资本较低，他们认为创业投资基金的绩效评价需要考虑地区特点。Munari 和 Toschi（2015）认为，在对英国公共创业投资基金进行绩效评价时需要充分考虑地区因素。Basso 和 Funari（2017）采用数据包络分析的方法，首次将基金规模纳入绩效评价的考核体系。Engberg 等（2017）认为，私人出资和政府出资的创业投资机构在投资后的 2~3 年内均能提高目标公司的销售额和运营效率，但并不能有效改善就业状况。另外，政府资助的创业投资机构更倾向于将资金投入因现金流短缺导致经营无法进行的公司。

2.2　政府引导基金的相关研究

2.2.1　政府引导基金的引导效应

国内对于引导基金的研究还处于起步阶段。部分研究发现，引导基金对风险投资和私募股权投资具有引导作用（邢恩泉，2014）。杨大楷和李丹丹（2012）研究了 27 个省际面板数据，发现我国政府引导基金在政策实施过程中有抑制风险投资发展的倾向——未设立引导基金省份的创业企业总数和各个发展阶段的初创企业数量明显高于设立引导基金的省份。但在不同地区引导作用表现出差异性（杨敏利，2014）。也有研究认为，政府引导基金的引导作用存在局限性（施国平等，2016），对社会创业投资资本没有影响。房燕和鲍新中（2016）也利用中国 7 个创业投资成熟地区的面板数据，研究后发现政府引导基金对创业投资基金没有明显的引导作用，甚至在个别地区表现为挤出效应。施钰（2013）也对国内某只引导基金进行了调研，评估了其投资成本以及收益，认为该基金与市场化创业投资机构缺乏合作，对引导社会资本的作用不大，运作过程与制度设计并不一致。关于如何提高引导效应，有学者认为，应该借鉴美国 SBIC 计划的融资担保方式（李朝晖，2010）、对私人资本的亏损进行补偿（孟卫东等，2010）、改进供给（李晓伟和臧树伟，2012）、优化收益补偿机制（熊维勤，2013；董建卫和郭立宏，2017）、加大激励性规制政策设计（余得生，2015）、提高市场化水平（刘宁悦和黄子桐，2016）。而黄福广（2016）关注了创业投资引导基金对企业创新的影响。冯冰等（2019）发现，没有有效的证据表明创业投资引导基金可以缓解早期和后期创业企业的融资约束。李善民等（2020）发现，政府引导基金对民营创投机构的引导效应更强，且创新创业密集地区政府引导基金的引导效应更强。焦飞飞等（2020）认为，政府引导基金引导效应的发挥，取决于风险投资管理机构的背景和性质。概括来说，创业投资引导基金已经成为政府创新政策体系的重要组成部分，并逐渐发展成为中国推动科技创新驱动经济发展的重要支撑措施（Kim，2020）。

2.2.2 政府引导基金的运行模式与监管

政府引导基金不承担具体投资业务，实际上是母基金，由其子基金承担具体投资业务，投资对象主要为处于初创期的科技型中小企业。政府只负责提供良好的外部投资环境，制定各项扶持政策，不直接参与引导基金投资，也不参与创投子基金的具体运作（萧端和熊婧，2014）。陈敏灵（2010）将国外引导基金分为三类运作模式：融资担保模式、参股模式和多元化支持模式。国内主要代表模式有深圳模式、上海模式和天津模式 3 种。黄武俊（2012）认为有"风险补偿+股权投资"模式、"引导基金+担保机构"模式、"混合母基金"模式等，根据各地区经济发展特点选择合适的运作模式会促进各地高新技术企业快速发展。杨敏利（2017）认为，资源补充效应是引导基金参股促进创投机构后续募资的关键。陈伟良等（2018）在比较政府引导基金运作模式时研究发现，我国创业风险投资引导基金一般采用参股模式，会在规定的时间内退出企业。杜朝运（2019）在比较地方政府引导基金运作模式中说明了政府引导基金分为市场主导型和政府主导型，深圳属于市场主导型模式，而重庆属于政府主导型模式。

创业投资引导基金的监管需要对管理机构的经营者进行监督、约束和激励（夏荣静，2011；李萌，2016），成立分层次、不同维度的管理体系（江薇薇，2012；孟兆辉等，2014；王东红和蒙思敏，2016；陈少强等，2017），使公共资本与私人资本双方达到最优契约选择（肖艳和张书铨，2013）。有学者从不同角度构建了创业投资引导基金的绩效评价体系，包括经济效益（周莉和盛梦婷，2012；苏辛和周勇，2013；朱杰和陈浪南，2013）、政策效应（李洪江和鲍晓燕，2011）、经济效应以及管理效应（顾婧等，2015），通过设置绩效评价方法对新兴产业创业投资引导基金参股基金（刘春晓等，2015）进行了绩效评价。赵团结等（2020）在分析政府引导基金绩效评价时发现，无论是国家层面还是地方政府层面都存在一定的问题，如绩效评价政策指导性差、绩效评价指标体系不健全等。赵斌（2020）在研究政府引导基金绩效评价指标时指出，建立绩效评价模型并运用层次分析法确定指标权重，可为评价政府引导基金绩效奠定基础。

2.3 政府支持与企业创新的相关研究

自 20 世纪 50 年代以来，虽然大多数国家都对企业研发投入提供了帮助，一些发达国家也以政府投资的形式支持了创业投资行业的发展，但依据法律或政策文件形成的政府引导基金的概念和具体定义仍没有明确规定，政府只是作为创业投资领域的参与者之一发挥作用。因此，国外文献判断政府参与风险投资领域的效果，主要根据政府参与创业投资对整个行业和创业企业的影响。Aes（2005）提出，除市场价格外，创新的回报和风险的补偿还应包括政府对其产生额外社会效益的补偿；创业的成功取决于国家、社会和个人层面因素的整合效果。对不同国家的一系列研究都发现，被政府资助的企业会加大研发投入，经营效益也提高了，如美国（Audretsh et al.，2002）小企业创新研究计划资助的企业相比其他没有资助的企业销售增长较快。另外，对不同国家如德国（Czarinitzki 和 Aertsd）、以色列（Lach）和爱尔兰（Strobl）等的一系列研究都发现得到资助的企业比没有得到资助的企业有更多的研发投入。

　　然而，一些研究也发现企业研发、企业绩效与政府资助的资金投入没有明显关系，甚至是负的关系。如 Klette（1999）对挪威的研究发现政府资助对企业的绩效没有正的影响。Hesmati（2005）用芬兰的数据得出，政府资助只有在小企业中激励了企业的研究支出。Wallsten（2000）用一套被资助的企业和被拒绝资助的企业的数据发现了政府资助对私人研发投入的挤出效应。另外，还有研究得出政府资助的资金投入对企业同时有正和负的影响，如 Dong-Won Sohn、Hyun Jeong Kim 和 Wongchang Hur（2012）通过 OLS（Ordinary Least Squares）回归分析和生存分析进行的实证研究，根据韩国的实际情况，表明有政府投资支持的企业比没有任何资本支持的企业创业投资的效果更好，且经营成果更好。此外，他们还提出，如果政府长期参与创业投资和长期支持，那么这些企业会变得具有惰性，难以形成真正的核心竞争力。Ellen Vanderhoven 等（2020）在研究风险投资能否支持社会经济的可持续性发展时，发现在短期内利用风险投资可以扩大规模，但是进一步扩大可能会对该项目产生破坏。Sarah Park 等（2020）在研究不同类型的风险资本时，发现风险投资弱化了企业风险投资与国际强度之间的关系。

　　在我国，随着政府引导基金逐渐步入正轨，近几年，国内学者也开始实证分析引导基金在我国的运作实践，但关于创投基金对企业创新影响的结论并不统一。李涛等（2017）研究认知能力对中国人创业行为选择的影响，认为创新创业是特定制度环境下创业者的理性选择，宏观层面的影响不容忽视。郭岩、郭迪和姜坤（2015）基于企业层面的面板数据发现，相似企业中，有创新资金资助的企业比没有创新资金资助的在新产品产值、专利数量和出口方面有更好的表现；并于2016年检验了科技型中小企业创新基金对企业全要素生产率的影响，研究发现了创新基金对企业全要素生产率有促进效应。另外，在经济越不发达的地区，创新基金的作用越显著，说明了市场失灵情况下政府干预的有效性。Dong 等（2018）认为政府引导基金提高了风险资本的容错能力，与创新产出密切相关。赵慧敏等（2020）在探究政府引导基金对企业技术创新的作用时发现，政府引导基金相较于独立型创业投资基金更能促进企业创新。

2.4　简评与研究趋势

国内外学者已经对公共创业投资基金和政府引导基金进行了深入的研究。但是通过对国内外文献的梳理，发现目前相关研究中存在如下问题：

第一，从现有研究成果可以看到，美国国会批准成立 SBIC（Small Business Investment Companies Act）计划，极大地刺激了投资者对小企业的投资，美国在线和英特尔等创新企业也曾被 SBIC 投资，但 SBIC 后期也开始出现问题；以色列创建了 YOZMA 基金并大获成功，不但推动了以色列的高新技术产业，而且使以色列成为全球最活跃的创业投资市场之一，也成为创业投资额占 GDP 比重较高的国家。还有欧盟的 EIF、澳大利亚的 IIF 都是发展较早的政府投资基金，虽然到了后期会出现一定的问题，但是总体来说是较为成功的基金。政府引导基金具有撬动社会限制基金、缓解市场投资失灵、带动产业振兴等作用。我国的政府引导基金发展较晚，但通过对国外政府引导基金的分析可以得出，以上政府引导基金有值得我国借鉴的地方。同时，也有学者根据我国的实际情况对已开展的政府投资引导基金进行分析，找到适合我国情况的基金运作模式等。影响投资选择偏好的因素较多，不同投资者的投资行为在不同市场环境下的偏好也不相同。

第二，大多数文献将"政府投资引导+市场化运作"作为政府引导基金运作研究的核心。他们认为，政府应该通过财政出资的方式引导社会资本共同成立新的创业投资机构，不应直接投资初创企业。既通过政府信贷背书吸引更多的社会资本，市场机构的参与又弥补了政府机构投资水平的不足，财政资金的使用效率得以提高，支持了创业企业的发展，升级了产业结构。然而，政府引导基金进入企业的时机选择方面的文献较少，因此这是目前值得研究的一个问题，正确的时机能使引导基金发挥更大的作用，而不正确的时机往往导致投资回报率不高，对企业的作用不大，甚至投资失败。

第三，虽然实证研究对于评价政府引导基金对企业创新的影响的效果至关重要，但学者的实证研究结论并不统一。政府引导基金对创业投资资本的影响可能有两个方面——引导效应和挤出效应。且相较于国外的研究来说，我国较少关注政府引导基金在创新创业领域发挥的作用，多数有关政府创投基金的研究是以风险分析和绩效评价为分析对象，专门针对政府引导基金投资和企业创新关系的影响研究几乎没有。政府引导基金对企业创新产出的影响关系和影响效果一直以来在学术界也没有一致的结论。

第四，关于政府引导基金投资对企业价值的影响的研究目前还很少。政府引导基金作为政策性基金，其投资中小企业一方面能为中小企业解决融资约束问题，另一方面通过与社会资本共同设立子基金进行投资，能够为企业带来先进的经营理念和丰富的管理经验，进而促进企业价值的提升，但是相关的研究目前较少。

3　政府引导基金相关理论分析

基于创新型国家建设和供给侧结构性改革的实施要求，各地方政府相继设立创业投资引导基金，以此作为促进区域经济发展和转型升级的重要手段，引导社会资本进入创业投资市场，使当地的创业投资市场活跃起来，不断为创业企业提供资金支持，缓解企业融资约束，克服市场失灵，防止挤出效应的发生，进而引领创新发展与经济转型。本章将从理论上系统分析政府引导基金的内涵、运作方式和管理模式。

3.1 政府引导基金的内涵

学者从不同的角度和侧重点对政府引导基金的内涵进行了分析。部分学者从政府部门和风险投资机构的角色定位角度对政府引导基金进行了解释，认为政府引导基金发起人和主导人是政府部门，其设立的目的是在政策引导下，使社会资本流向社会亟须、产业需求大的领域，同时也是支持创业投资基金发展的重要手段。政府引导基金自身是母基金，并不直接作为投资人进行投资，而是通过发起设立子基金的方式，大量引入社会资本，实现创业资本商业化运作。一般而言，政府引导基金作为创业企业发展的重要支持手段，首先是发起人或者参股投资人的角色，引导风险投资机构进入创业投资领域，共同设立商业化运作的创业投资子基金。新设立的创业投资子基金是直接投资人，其作为主体挑选投资对象，为投资对象的成长提供智力和资本的帮助。由此可见，政府引导基金是以间接投资的方式来发挥其政策导向作用。

也有学者分析了政府引导基金运作中资金来源和风险分担问题，认为政府引导基金在出资的时候，政府出资人可能是政府部门本身，也可能是国有控股公司和国有独资公司，无论政府出资人是政府部门本身还是国有控股或独资公司，资金来源都是财政资金，只是表现形式不同，并没有本质的差异。在政府出资人出资后，社会资本需按照章程中的出资比例要求进行出资，即政府作为发起人和主导人，会按照一定的比例为风险投资机构配备资金，此部分资金具有杠杆效用，引入大量的社会资本，放大财政资金的投资效应，这种投资乘数作用正是政府引导基金的"引导"作用最重要的体现，通过放大财政资金对社会经济发展的支持功能，降低财政资金的约束和有限性，将更多的社会资本引入创业风险投资市场。政府引导基金从风险分担和资金来源的角度上讲，和政府直接出资创办创业投资公司，进而设立政府主导型基金不同，因为后者中政府要承担全部的资金和风险，但是政府引导基金又与民间投资者设立的创业风险投资基金不同，因为私营的创业风险投资基金是全部资金的来源方和风险承担方。而政府引导基金可以概括为政府和社会资本实现资金和风险共担，但是承担的资金和风险的比例不同，其中政府承担主要风险和次要资金投入，社会资本承担主要资金投入和次要风险。

还有学者从政府引导基金的设立目的和作用的角度对其内涵进行了阐释，认为政府设立引导基金的目的在于盘活这个风险投资市场，使风险投资活跃起来，进而促进创业企业的成长，为创业企业提供创业早期的资金支持。政府介入风险投资市场，单纯靠行政干预很难达到理想的效果，设立政府引导基金对风险投资基金具有很好的激励作用。政府引导基金除了能够带动社会资本进入创业投资领域，还能够对地区产业的调整和升级提供导向作用，这是因为政府引导基金有明确的章程规定，对于每只引导基金的投资领域有明确的规定，这样就能够实现对不同的产业和行业的投资引导作用，特别是对于轻资产、经营风险较大、高科技含量高的企业来说，风险投资的单纯市场化行为无法满足其资金的需求，政府引导基金的设立和运营，能够为这类企业解决早期发展的资金难题。政府引导基金并不追求自身的营利性，作为财政资金，其希望更多地发挥杠杆和引导作用，以股权或债权等方式投资于风险投资机构，或者将资金投资到新设的创业风险投资子基金。政府引导基金本质上并不是风险投资基金，而是政策性基金，是各级政府部门为了配合区域发展而制定的特殊政策和专项资金。就目前而言，通过各地方政府的实践，政府引导基金主要支持的产业一般具有战略意义，能够与经济社会发展和创新驱动要求相协同且具有很好的高精尖产业支持效果。

政府部门也从政策制定者的角度对政府引导基金的内涵进行了定义。我国从2002年起开始陆续发布大量关于政府引导基金的政策文件，政府部门越来越重视政府引导基金的作用，并从政策制定者的角度对政府引导基金进行了界定。国家发展和改革委、财政部指出，政府引导基金是由政府设立并按市场化方式运作的政策性基金，主要通过扶持创业投资企业发展，引导社会资金进入创业投资领域。需要反复指出的是，政府引导基金与风险投资机构并不具有任何竞争关系，并不充实创业投资相关的经济业务。杠杆放大效应是政策赋予政府引导基金的主要使命和任务，通过投资乘数作用增加创业投资领域资本的供给量，在此基础上，将资金引导到市场化风险投资机构不愿意投资的重要产业领域，特别是处于种子期和初创期的创业企业，使资金的配置效应更加科学合理，以此克服市场失灵问题。

综上所述，作为政府支持创业投资市场发展的重要手段，政府引导基金的积极作用包括：

（1）杠杆放大效应。作为一种制度设计和财政支出创新的支撑，政府引导基金按照市场化的方式运行，盘活了财政存量的资金，把财政资金的倍增效应放大，把原本处于观望状态的金融资本和社会资本吸引到这里，使得政府的财政资金发挥了更大的杠杆作用，提高创投资本的供给，吸引更多的社会资本。该方法有效地帮助了缺乏资金的弱势企业解决由于市场分配不均衡导致的市场失灵问题。为解决一些初创公司在成长期和成熟期的投资上的不足，可以对其进行投资。孙雯、张晓丽和邱峰（2017）发现，按照深圳股票市场的经验，从理论上讲，政府投入的部分资金可以增加 10 倍，对企业的资本有提高作用，同时，也可以为社会资本提供投资方向、拓展投资空间、保持金融资金的小规模经营，在投资市场中起到引导作用，从而保证了投资市场的健康与活力。

（2）促进政府职能转变。在过去的很长时间里，政府对传统产业的支持方式以无偿补助、贴息为主，然而这种支持方式受到社会大众的批评与指正，存在政府补助随意性强、重点企业获得充足资金的可能性低等问题，不仅无法达到预期的补贴使用效率和效果，还会引起权力寻租和贪污腐败。在这一背景下，为解决困扰政府与企业的长期问题，政府引导基金应运而生。政府引导基金从不经过筛选与程序认定、不需要回报的资金补助变成按照一定的标准与目标、需要反馈的补助引导，由"分散"向"集中"，由"行政化"向"市场化、专业化"转变，既可以压缩依赖财政补贴的僵尸企业的生存空间，也可以推进资源的整合，以此实现政府的政策目标和企业的盈利目标，达到政府与企业双赢的局面，实现财政资金的预期，有利于中小企业的创新，有利于促进产业政策的实施，改善投资质量，减少权力寻租，预防腐败，减少政府干预。同时，利用市场化的退出机制，可以实现财政资金的良性循环，提高资金的利用与运行的有效性。

（3）充当桥梁和纽带。政府引导基金是第三方投资机构和被投资企业之间的桥梁和纽带，政府在其中充当投资者、委托者、保障者和监管者的角色。在整个过程中，大部分政府引导基金通常选择参股和跟进投资两种运作模式对被投资企业进行投资，也有部分政府投资引导仅仅选择风险补助和投资保障模式，随后，政府引导基金发挥引导作用和凭借政府自身的隐性信用吸引第三方投资机构或者企业进行投资并与其共同推进项目的实施，最终实现政府资本逐渐退出。政府可以通过一些财政补助和税收优惠等政策，以及让出部分利益给投资方以减轻被投资企业的经济压力和投资机构的风险损失，有力地保障双方的经济。同时，政府还有监管的职责，可以减少投资与被投资双方因信息不对称所带来的道德风险，在市场失灵的时候也可以进行适度且有效的干预。

（4）推动中小企业发展。政府引导基金的作用在于帮助中小企业走出财务困境，推动中小企业发展。与一般带有商业性质的投资行为不同，投资并不是政府引导基金本身需要开展的活动，政府引导基金作为母基金只是通过参股、债权等方式提供资金给风险投资机构，其不参与被投资企业的日常经营管理且不以营利为目的，其主要目的是充分利用自身的引导作用和杠杆作用，支持中小企业的创立及发展，不仅在资金方面，政府及其他投资机构也可以为中小企业提供一些技术支持和技术服务，同时也可以引导社会基金有序且合理地流入国家所支持的创业投资领域，为中小企业的创新创业活动提供了发展契机。

综上所述，本书认为政府引导基金有以下三个特征：

第一，从本质上来说，政府引导基金的本质特征是其政策性，而非商业性，其资金的安全性即资金的保值增值是其资金使用过程中需要考虑的问题，营利性并不是其考虑的主要因素。

第二，政府引导基金并不进行直接的创业投资，其与社会风险投资机构是合作共赢关系，而非竞争关系。政府引导基金的宗旨是引导社会资本进入创业投资市场，扶持创业企业的发展和成长。

第三，政府引导基金的运作是有偿的，这与财政补助、贴息、风险补偿等无偿方式不同，通过市场化运作，政府引导基金需要实现财政资金的安全收回和少量的盈利。

3.2　政府引导基金的运作方式

政府引导基金已经发展了20年，各地经过摸索实践，不断总结和反思政府引导基金运作方式，不同政府引导基金运作方式比较如表3-1所示，这几种方式针对性比较强，覆盖面比较宽，符合科技型中小企业需求特点和我国创业投资发展实际，对于创业投资机构而言，可以解决其因投资风险过大而不向初创期科技型中小企业投资的问题，从而扶持创业投资机构的设立与发展；对于科技型中小企业而言，可以解决其初创期难以逾越的资金鸿沟问题，一举两得，引导效果较强。然而，以上方式也各有利弊，创业投资业发展程度不同的地区应根据当地的具体情况选择不同的创业投资引导基金运作模式。

表 3-1　不同政府引导基金运作方式比较

模式	特征	运行可持续性	适用对象	地位
参股基金	作为母基金，不参与投资活动和企业经营，资金表现为参股，合作方式为与社会资本共同发起设立创业投资基金，管理方式为委托专业的创业投资管理机构进行管理	保本微利、能持续运营	国家级政府、地方政府，适用范围很广	主要模式
融资担保	补偿创业投资企业或担保机构以放大贷款规模，并引导创投公司的贷款方向以及与创业企业在种子期和起步期的决策。能保本持续运营，适用范围较广，政府通过政策性担保解决中小企业融资问题	能保本持续运营	适用范围较广，此方式较常见，主要用于政府通过政策性担保方式，针对本地区的中小企业提供资金支持	次主要模式
跟进投资	是政府引导基金特殊的运作方式，主要表现为直接投资，即政府引导基金针对创业投资企业所选择的有价值的投资项目进行跟进投资	保本微利、能持续运营	适用范围较广，但并不普遍	辅助业务模式
风险补助	由于初创期高新技术企业经营的不确定性较大，在此运作方式下，对投资于上述企业的创业风险投资机构给予一定的风险补偿，提高创业投资机构的投资积极性和抵御风险的能力	支付方式为无偿，且为一次性支持，而非多次	适用于规模较小的区域性引导基金	辅助业务模式

模式	特征	运行可持续性	适用对象	地位
投资保障	挑选具有潜在投资价值的初创期高科技企业，在给予资助的同时，提供无偿的创业辅导，在后续期结合实际情况，决定是否给予第二次资助	无偿支付，可分次支持	适用于科技企业孵化器等中小企业服务机构	辅助业务模式

资料来源：作者绘制。

3.3 政府引导基金的管理模式

根据《指导意见》释义，引导基金需要常设机构来进行运作事务和日常管理，其有别于引导基金理事会，不能行使法人权益，不具决策权，当然也不承担相应责任与义务。这种常设机构既可以是专设管理机构，也可以是委托的管理机构，这也造成了引导基金管理主体的不同，据此可分为以下两种模式：

3.3.1 直接管理

政府出资以事业法人主体（或引导基金公司）形式设立引导基金后，由法人或者政府所属专门部门直接管理，主要采取自我管理的形式。其优势是政府引导投资指引明确，投资多具有战略性。其缺点为：一是很难清晰地划分管理职责，并受制于政府管理机制和人员结构；二是政府部门专业程度不够高，又缺乏有效的激励约束机制，引导基金的运用效率也很难得到保证。

3.3.2 委托管理

与直接管理不同的是，政府引导基金的管理机构不再是事业法人或政府部门，将其日常运营委托给专业管理机构，这种专业管理机构通常是以公司形式设立的创业投资管理机构。其优点是职责分明、管理专业化水平高，引导基金运作效率也会得以提升，符合市场规律。

目前，委托管理是主要模式，因其能够在很大程度上弥补直接管理的缺陷，有利于政府引导基金的规范发展。

4 政府引导基金设立与运作现状

政府引导基金在发展过程中，表现出了其自身的特征和发展趋势，本章主要针对政府引导基金的设立和运行现状进行分析，并系统概括总结创业投资引导基金在发展中存在的不足和瓶颈问题。

4.1 政府引导基金的产生与发展

政府引导基金的发展可以概括为以下几个阶段：

一是初创摸索阶段（2001~2007 年）。2002 年由中关村科技园管理委员会出资设立的中关村创业投资引导基金，是我国第一只政府引导基金，标志着我国正式开始了政府引导基金的实践探索。中关村创业投资引导基金投资规模为 5 亿元，在这个初创阶段采取了学习国外研究结果经验与本国国情相结合的道路，因而取得了不错的绩效。政府引导基金得到了各级政府部门的重视，开始探讨政府引导基金实践的可能性并付诸实践。但是，这一阶段相关政策文件中主要提到的是设立政府引导基金的设想，对政府引导基金发展仍存在不确定性，而对政府引导基金的运行管理模式、风险控制和退出机制等并未做出规定，因此，在这一阶段设立政府引导基金只是一种探索。

二是规范发展阶段（2008~2016 年）。2008 年，国务院发布了《关于创业投资引导基金规范设立与运作的指导意见》，为政府引导基金提供了法律依据和操作指南，政府引导基金自此开始了规范化发展。2014 年国家层面设立了国家新兴创业投资引导基金和国家中小企业发展基金，总规模均在百亿元以上，撬动社会资本上千亿元。2015 年，财政部为了规范投资基金的设立、控制风险、管理预算等制定了《政府投资基金暂行管理办法》，到 2016 年，国家发展改革委又发布了《政府出资产业投资基金暂行管理办法》，各地区近些年也陆续发布了多项政策,支持政府引导基金的发展,政府引导基金管理制度不断完善。各地区也在国家出台指导意见后,发布了本地区的中小企业创业投资引导基金实施办法。随着一系列文件的出台,创业投资环境日趋规范,创业市场呈现欣欣向荣的现象。2014~2016年政府引导基金的设立呈现"井喷"状态,新设基金目标总规模分别为3271亿元、1.64万亿元和3.73万亿元,3年复合增速达到368.8%。

三是精细发展阶段(2017年至今)。此阶段的主要特点是存量优化。随着各级地方政府批准设立的政府引导基金的规模逐渐扩大,政策目标重复、资金闲置和碎片化等问题日益突出,政策目标开始转向加强对设立基金或注资的预算约束、提高财政出资效益上。2018年8月,国家发展改革委发布了《关于做好政府出资产业投资基金绩效评价有关工作的通知》,各省份相应出台的制度规范中明确提到政府引导基金要建立相关的绩效评价体系。2019年开始,国家加强对政府投资资金的预算约束,要求对财政出资设立的基金或注资须严格审核。很多地方政府也出台了引导基金修订管理办法,在出资比例与返投比例、准入门槛与注册地要求、激励与返利政策、绩效评价体系等方面做出了修订,逐步向精细化投资方向迈进。2017年以后,新设政府引导基金的数量及目标规模逐年回落,年复合增速为-39.0%。

4.2 政府引导基金的运作现状

4.2.1 政府引导基金的趋势分析

目前,政府引导基金的运作模式主要有阶段参股、跟进投资、风险补助、投资担保、融资担保等。根据《政府投资基金暂行管理办法》第二条可知,法律上规定以"股权投资"的方式作为政府投资基金的投资途径,而并无更多的投资限制,也就是说,符合股权投资方式的都是被法律所允许的。随着政府引导基金行业的逐渐成熟,政府引导基金的运作呈现出两点新趋势:

4.2.1.1 创业投资引导基金管理模式市场化程度变强

当前,创业投资引导基金管理模式逐渐向市场化运作靠拢,其主要表现形式为以下三点:

第一，为管理各个创业投资引导基金设立独立的管理办公室。创业投资引导基金管理办公室承担的工作包括完善引导基金政策制度、推进引导基金绩效评价、监督引导基金日常运作，除了上述日常工作外，还承担着选取合适的基金管理公司的职责。

第二，成立创业投资引导基金管理公司，或采用基金公司引导基金运作。创业投资引导基金目前基本实现了市场化运作，采用了经验丰富、绩效优秀的风投管理公司负责引导基金的管理运作，重点投资符合地区发展战略的中小型科技企业，推动服务产业升级。

第三，以普通合伙的形式引入专业机构管理引导基金。部分政府引导基金引入专业管理机构的方式是专业管理机构作为普通合伙人，政府引导基金作为有效合伙人，以固定比例向受托机构支付托管费，对创业投资引导基金进行管理。

在政府引导基金发展过程中，规范化管理政府引导基金的需求日益紧迫，因此，政府引导基金的管理逐渐由政府过度干预向市场化管理转变。通过招募投资经验丰富、投资业绩优秀的专业基金管理者，在充分结合地区产业发展特点以及中小企业创业投资项目特点的情况下，灵活地进行政府引导基金投资，避免了初期基金管理者经验欠缺与精力分散而导致的基金投资效率低下与混乱的问题。市场化激励机制的建立使得政府引导基金的绩效考评得以实现，创业投资引导基金因国有背景可能产生的效率问题也随之解决。

4.2.1.2 逐渐放宽投资标的地域限制

地方政府设立的政府引导基金，往往针对本地区内的项目进行引导，这是政府引导基金区别于一般市场化私募股权母基金的特点，而政府引导基金的投资标的在市场化程度加深的过程中，其地域限制也在逐渐放宽。

例如，中小企业创业投资引导基金是北京市政府在 2008 年设立的地区性创业投资引导基金，2013 年底调整为北京市中小企业发展基金组成部分，基金总规模超 21 亿元。对子基金的返投比例要求是对京津冀地区的天使期、初创期、早中期创新型中小企业的投资额比例不得低于全部投资额的 70%，且投资于北京地区不得低于全部投资额的 50%。这一规定表明该基金的被投资企业将不再局限于北京市当地企业。逐渐放宽的投资比例减少了企业扩张的主要成本，推动了被投资企业向注册地以外的地区进行拓展。

4.2.2 政府引导基金的运作特点

4.2.2.1 引导基金的政策支持日趋精准

（1）国家层面的政策支持。自 2005 年《创业投资企业管理暂行办法》颁布后，政府创业引导基金被允许设立，社会资本逐渐被引入创投领域。《关于创业投资引导基金规范设立与运作的指导意见》的发布则使得各级政府引导基金的流程与监管规范化，法律效应逐渐加强。2014 年 5 月 21 日，时任国务院总理李克强主持召开国务院常务会议，提出以财政资金撬动社会资本，提高资金周转效率，完善市场长效机制，推动创投领域蓬勃发展，将"有形的手"与"无形的手"结合，支持战略性高科技中小企业发展的主要观点。2015 年 12 月，《政府投资基金暂行管理办法》要求各级财政部门需加强支持创新型中小型企业发展、推动产业优化升级的力度，基础设施和公共服务领域投资基金的设立也需逐渐提上日程。2016 年 2 月，财政部发布的《关于财政资金注资政府投资基金支持产业发展的指导意见》则进一步明确了政府投资基金应当遵循平衡政府与市场关系，科学决策规避风险的原则。2018 年 9 月，《关于做好政府出资产业投资基金绩效评价有关工作的通知》进一步从绩效评价方面进行了规定，为政府引导基金的规范化健康发展奠定了坚实的基础。2021 年 2 月发布的《关于加强政府投资基金管理提高财政出资效益的通知》，被业内人士简称为"7 号文"，进一步加强了对政府引导基金设立和出资的预算约束。自此，政府引导基金进入存量博弈阶段。国家层面的政府引导基金相关政策如表 4-1 所示。

表 4-1 国家层面政府引导基金相关政策

政策名称	颁布时间	颁布机构
《财政部国家税务总局关于促进创业投资企业发展有关税收政策的通知》	2007 年 2 月	财政部、国家税务总局
《关于创业投资引导基金规范设立与运作的指导意见》	2008 年 10 月	国家发展改革委、商务部等

续表

政策名称	颁布时间	颁布机构
《关于豁免国有创业投资机构和国有创业投资引导基金国有股转持义务有关问题的通知》	2010 年 10 月	财政部、国资委、证监会等
《新兴产业创投计划参股创业投资基金管理暂行办法》	2011 年 8 月	国家发展改革委、财政部
《关于进一步做好支持创业投资企业发展相关工作的通知》	2014 年 5 月	国家发展改革委
《关于财政资金注资政府投资基金支持产业发展的指导意见》	2016 年 2 月	财政部
《政府出资产业投资基金管理暂行办法》	2016 年 12 月	国家发展改革委
《政府出资产业投资基金信用信息登记指引（试行）》	2017 年 4 月	国家发展改革委
《关于做好政府出资产业投资基金绩效评价有关工作的通知》	2018 年 9 月	国家发展改革委
《关于进一步明确规范金融机构资产管理产品投资创业投资基金和政府出资产业投资基金有关事项的通知》	2019 年 10 月	国家发展改革委
《五部门关于同意北京市朝阳区等 51 个城市（区）列为国家产融合作试点城市的通知》	2020 年 12 月	国家工信部
《关于加强政府投资基金管理提高财政出资效益的通知》	2021 年 2 月	财政部
《政府出资产业投资基金信用信息登记指引（试行）》	2021 年 3 月	国家发展改革委

资料来源：笔者整理。

（2）地区层面的政策支持。各地方政府在国家层面的政策基础上，分别出台了针对政府引导基金发展的地区层面的政策。例如，北京市作为国内首个设立政府引导基金的地区，在政策方面支持的力度也非常大。2007 年 2 月，北京市海淀区政府率先发布《北京市海淀区创业投资引导基金资金使用管理暂行规定》，此政策是海淀区人民政府为促进区域创业投资发展的第一个政策性规定，也是推进海淀区高新技术产业化进程的重要举措。2008 年 7 月，北京市财政局颁布了《北京市中小企业创业投资引导基金实施暂行办法》，从制度的角度规范了北京市中小企业创业投资引导基金的管理，后续北京市又发布了相应的中小企业创业投资引导基金管理细则。在此基础上，昌平区、东城区、中关村等又陆续发布了针对本区域的政府引导基金发展制度规定。

近年来，针对北京市"全国政治中心、文化中心、国际交往中心、科技创新中心"的发展定位，北京市又出台了针对北京市高质量发展、支持区块链创新发展、数字贸易试验区建设、深化服务贸易创新发展、金融支持文化产业健康发展等方面的政策，这些政策都推动着北京市创业投资引导基金的规范化发展。北京市政府引导基金相关政策如表4-2所示。

表4-2　北京市政府引导基金相关政策

政策名称	颁布时间	颁布机构
《北京市海淀区创业投资引导基金资金使用管理暂行规定》	2007年2月	北京市海淀区人民政府
《北京市中小企业创业投资引导基金实施暂行办法》	2008年7月	北京市财政局
《海淀区创业投资引导基金管理暂行办法》	2009年6月	北京市海淀区人民政府
《北京创造战略性新兴产业创业投资引导基金管理暂行办法》	2012年5月	北京市发展和改革委员会
《昌平区创业投资引导基金管理暂行办法》	2012年11月	北京市昌平区人民政府
《海淀区创业投资引导基金管理实施细则》	2013年1月	北京市海淀区人民政府
《北京市中小企业创业投资引导基金管理细则》	2015年12月	北京市经济和信息化委员会
《东城区人才创新创业引导基金管理办法》	2015年12月	北京市东城区人民政府
《东城区文化创意产业发展引导基金管理办法（试行）》	2016年3月	北京市东城区人民政府
《中关村国家自主创新示范区促进科技金融深度融合创新发展支持资金管理办法实施细则（试行）》	2019年2月	北京市中关村科技园区管理委员会
《关于加强金融支持文化产业健康发展的若干措施》	2020年2月	北京市文化改革和发展领导小组
《关于加快培育壮大新业态新模式促进北京经济高质量发展的若干意见》	2020年6月	北京市发展改革委员会
《北京市区块链创新发展行动计划（2020-2022年）》	2020年6月	北京市人民政府
《北京市关于打造数字贸易试验区实施方案》	2020年9月	北京市商务局
《深化北京市新一轮服务业扩大开放综合试点建设国家服务业扩大开放综合示范区工作方案》	2020年9月	北京市商务局
《北京市全面深化服务贸易创新发展试点实施方案》	2020年11月	北京市商务局
《北京市金融领域推进"两区"建设工作方案》	2021年2月	北京市地方金融监督管理局

资料来源：笔者整理。

4.2.2.2　政府引导基金的引导作用不断提升

截至2021年，我国累计设立了1988只政府引导基金，目标规模约12.45万亿元人民币，认缴规模（或首期规模）约6.16万亿元人民币。整体来看，我国政府引导基金在经历2015年和2016年的高速增长后设立速度有所放缓，逐步进入存量优化、精耕细作阶段。

2021 年新设立政府引导基金 115 只，同比上升 2.7%，目标规模约 6613.62 亿元人民币，同比上升 7.0%；已认缴规模约 3831.95 亿元人民币，同比下降 11.0%。2021 年政府引导基金保持平稳设立节奏，百亿元以上规模的引导基金设立数量有所增加。政府引导基金设立数量和规模如图 4-1 所示。

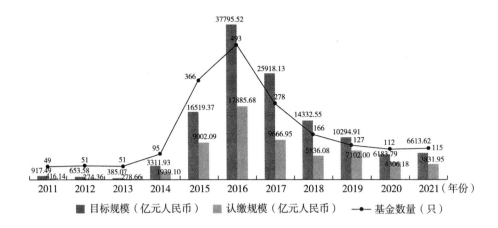

图 4-1　政府引导基金设立数量和规模

资料来源：清科研究中心 2022.01。

作为政府引导基金规模庞大的地区，北京政府引导基金的数量逐年增加，根据前瞻研究院的统计，截至 2020 年底，北京市已经累计成立 90 只政府引导基金，在全国处于领先地位，说明北京市十分注重财政资金的杠杆作用。同时，2020 年底，政府引导基金总目标规模超过 2.6 万亿元。2020 年，北京市共新成立 2 只政府引导基金，这 2 只新增政府引导基金总目标规模为 103 亿元。由此可见，北京市政府引导基金单只基金的目标规模有显著提高，年平均增长率较高，说明政府引导基金的影响力在持续增加，政府引导基金更加注重内涵发展，而非盲目扩张。近年来，北京市政府引导基金的投向领域有了一定的变化，鉴于北京的城市定位，北京市政府引导基金开始逐步转向支持北京市重点产业的发展，就目前而言，北京市政府引导基金主要聚焦在文化产业，信息技术、高端制造、科技创新等高新技术产业，主要是与北京市的发展定位密切相关的产业领域。北京市近年来设立的政府引导基金的情况如表 4-3 所示。

表4-3　北京市近年来设立的政府引导基金的情况

年份	政府引导基金名称	主要投资领域
2013	北京市文资投资基金	文化创意产业领域
2014	北京集成电路产业发展股权投资基金	集成电路产业等领域
2015	北京市中小企业发展基金	IT、文化娱乐、教育等领域
2015	北京高精尖产业发展基金	新一代健康诊疗、智能制造、新能源智能汽车、节能环保等领域
2016	北京市城市副中心建设发展基金	重大基础设施项目、生态环境项目、科技创新项目及教育、医疗等领域
2017	服务贸易创新发展引导基金（有限合伙）	医疗、化学药品制剂制造业、生物工程、软件工程等领域
2018	北京科创基金	光电科技、新一代信息技术、纳米技术、战略性新材料、新能源等领域
2019	北京市海淀区政府投资引导基金（有限合伙）	智能硬件等中关村科学城重点项目建设、高精尖产业、基础设施和公共服务等领域

资料来源：前瞻产业研究院。

　　在统筹管理方面，福建、浙江、重庆、贵州等地也陆续开始对政府引导基金进行整合的尝试与探索，通过统筹管理、归集分散资金、聚集投资重心等方式，加强政府资金政策效果，提升政府资金使用效益。如福建省由省财政厅牵头组建新设的省级政府投资基金，是按照"母基金+子基金"管理架构，优化整合省财政出资设立的政府投资基金，并且在投资领域方面明确重点支持创新创业企业、中小企业发展、产业转型升级和发展、基础设施和公共服务五个方面。

　　此外，为更好地建设科技创新生态体系，浙江省在2022年初提出要"构建科技创新基金体系"。其中，政府引导基金将作为重要抓手，引导和鼓励社会资本加大对科技创新领域的投入，政府引导基金也将采取直接投资、定向基金和非定向基金等多种投资模式，兼顾政策性和效益性。与此同时，浙江省还提出要发展科技公益基金、支持科技私募基金发展、鼓励科研院所等平台设立科创基金等，通过发掘各类资源，多措并举、形成合力、更大范围、更大力度地支持科技创新产业发展。

4.2.2.3 引导基金的运行质量持续提高

2021 年 7 月，融资中国发布了"中国最佳政府产业引导基金 TOP30"名单，该名单的排名主要综合考虑了投资机构近 1 年来的管理资金规模、募资能力、投资能力、已投项目估值金额变化及已投项目再融资比例、退出情况、诚信情况、媒体视角等指标情况，广东省有 9 只政府引导基金入选，分别为佛山市创新创业引导基金、福田引导基金、广东省农业供给侧结构性改革基金、广州开发区产业基金、广州市科技成果产业化引导基金、广州市新兴产业引导基金、横琴新区政府投资基金、南山区产业发展投资引导基金和深圳市引导基金。北京市共有 6 只政府引导基金入选，分别是北京高精尖产业发展基金、北京集成电路产业发展股权投资基金、北京科创基金、北京市中小企业发展基金、国投创合、亦庄国投母基金。政府引导基金的运作质量较高，在基金不断发展与机制逐渐完善的情况下，政府引导基金的效用有着实质性的提高，这有利于推进城市战略的可持续发展，提高中小企业创新创业能力，实现产业优化升级的目的。2021 年度中国最佳政府引导基金区域分布（部分）如表 4-4 所示。

表 4-4 2021 年度中国最佳政府引导基金区域分布（部分）

区域	广东	北京	安徽	山东	浙江	江苏
政府引导基金数量（只）	9	6	2	2	2	2

资料来源：前瞻产业研究院。

4.2.2.4 区县级、地级市政府引导基金设立数量逐步增加

2021 年中国新增国家级政府引导基金 1 只；省级政府引导基金 20 只，同比增长 66.7%；地市级政府引导基金 52 只；区县级政府引导基金 42 只，可以看出国家级引导基金设立数量逐步缩紧，以地市级、区县级为主。主要原因是各地方政府都在进行供给侧改革，产业转型和升级是各地经济发展的主旋律，为了推进地区的产业转型和升级，需要寻找新的方式来激发新动能，仅仅依靠原有的税收优惠和土地支持等传统激励方式外，还需要在资金、股权方面给予支持，因此，政府引导基金已经成为地方政府的一个有力抓手，推动经济社会的全面发展。

4.3　政府引导基金发展中存在的问题

4.3.1　政府的角色和作用需要进一步明确

由于政府承担着投资者、委托者、保障者和监管者等多重角色，导致政府角色的定位不清晰，容易有越权行为，政府应该仅仅起引导调节作用，但因为角色定位不明确，容易产生政府干预创业投资引导基金的运作和参与企业内部管理的行为，甚至可能会为了自身利益而产生寻租行为。

4.3.2　投资主体的风险承受能力整体不高

政府选择被投资的中小企业的规则目前还没有统一的标准，各个创业投资引导基金都有其对投资对象的要求，并且这种要求并不透明、管理机制也并不健全。为了自身利益和规避风险，各个创业投资引导基金更倾向于投资较为成熟的中小企业而不是处于初创期和萌芽期的中小企业，导致资金错配现象普遍，初创期中小企业难有广阔的发展机会。

4.3.3　广大中小企业自身的局限性

由于整体经济活跃，中小企业的数量较大，大量的中小企业在发展过程中都面临着资金匮乏的问题，同时也存在自有资源、技术和管理水平上的局限性，需要借助外部的资金、管理和技术等方面的帮助和支持。但政府引导基金在投资过程中，主要提供的往往只是资金支持，而企业需要的非资金资源方面的支持力度有待加强。

4.3.4　政府引导基金的投资经验积累不够

由于我国相比国外的创业投资引导基金起步较晚，虽然数量和规模发展较快，但实践经验较少，尤其是管理投资基金的内部缺少专业性人才，对创业投资引导基金的操作的效率和创新性不足，目前仍有大量的创业投资引导基金资金结余，不能高效地运用创业投资引导基金，这种资金的闲置不利于创业投资引导基金的可持续发展。

4.3.5 政府引导基金的跨地区运行和投资需进一步开放

政府引导基金目前仍存在地域保护现象，一些政府引导基金限制为必须支持投资本省的中小企业，且投资限制较多，往往在不同程度上对投资的比率、领域和对象都有规定，该规定容易与追逐利益的商业投资冲突，无法与最优的商业资本进行合作，不但不利于整合、高效地运用各方资源，更容易增加引导基金和商业基金的投资风险。

本篇小结

作为本书的开篇内容，第一篇是本书的基础性和框架性内容。本篇的内容主要包括：

第一，绪论。本章为本书整体的研究框架。主要介绍本书的背景和研究意义，进而系统阐述本书的研究思路和主要的研究内容，然后介绍本书所用到的研究方法和主要的研究贡献情况。

第二，相关研究现状与趋势。对公共创业投资基金、政府引导基金、政府支持与企业创新相关理论进行梳理。公共创业投资基金相关理论主要从公共创业投资基金的作用和绩效评价两个方面进行综述。政府引导基金相关理论主要基于政府引导基金的引导效应、运行模式与监管进行归纳和总结。在此基础上整理和分析目前已有的政府支持与企业创新研究的相关文献。然后进行文献述评。

第三，政府引导基金相关理论。首先介绍部分学者对政府引导基金内涵的丰富的研究成果。其次分析参股模式、融资担保、跟进投资、风险补助和投资保障等运作方式。最后详细分析直接管理和委托管理两种管理模式。

第四，政府引导基金的设立与投资现状。介绍政府引导基金的产生与发展，以及目前的运行现状情况，并系统概括总结创业投资引导基金在发展中存在的问题。

第二篇

政府引导基金政策的量化评价

5 政府引导基金政策的文本量化分析
——以京津冀为例

党的十九大提出进一步加强与京津对接合作，发挥改革创新引领示范作用，推动京津冀协同发展向纵深扩展。这为京津冀地区的发展创造了条件。随着京津冀三地在协同发展中优势互补，通力协作，三地的协同发展取得了新的进展和成效。京津冀三地功能定位日趋明显、产业转移有序推进、第三产业所占比例持续上升。在京津冀三地协同发展过程中，政策也在紧跟经济发展的步伐，政府引导基金数量增长迅速、领域不断扩宽、运作模式越来越完善，而京津冀三地出台的大量引导基金的政策，在推动京津冀一体化、促进产业结构的优化升级、提高财政资金的使用有效性、引导社会资本流向弱势企业等方面发挥着不可忽视的作用。然而，在政策数量增长迅速、领域不断扩宽的同时，研究政策的质量也就显得格外重要。

大多学者主要从引导基金的作用、运作模式、发展现状及存在问题、绩效评价等方面来进行阐述，对政府引导基金政策本身的分析却很少。另外，学者对政策文本进行分析的发文数量越来越多，2008~2018年，对于政策文本分析的发文量迅速增长，在2018年达到峰值，高达120篇。可见，学者对文本分析越来越重视。然而学者在研究政府引导基金时多采用实证分析，对政府引导基金政策方面的文本分析却寥寥无几。Fabio Bertoni等（2015）在阐述政府引导基金是否刺激发明和创新时，发现全球价值链提升了引导基金对发明和创造的影响。Annalisa Croce等（2019）在阐述危机期间引导基金在促进就业方面的作用时，发现它可以显著降低危机对就业的影响。王哲（2018）指出，引导基金在解决融资、促进地方经济和新兴产业等的发展具有重要的意义。杜朝运等（2019）在研究地方政府引导基金的运作模式时，将其划分为市场主导型和政府主导型两类模式，从而对不同的运作模式进行分析。罗茜等（2020）在阐述引导基金发展现状中阐明我国的政府引导基金规模较高，无论是基金的设立、运作还是监管等方面都越来越规范，但是资金存在利用率低、管理难等问题。李婷等（2020）在研究河北省创业投资引导基金时，结合河北省的实际状况，构建起一个完整的创业投资引导基金绩效评价体系。Heike Klüver（2009）在分析测量利益群体的影响时运用文本量化分析，比较政策作用面得出决策过程的赢家和输家的结论。Adriana Bunea（2015）在研究日本外交政策的宏观变迁时运用文本量化分析，主要运用实证分析对定量和定性内容加以估计。孙涛等（2017）在研究区域环境治理时，对京津冀地区大气治理政策进行文本量化分析，主要从政策演变、主体分析、行动分析等方面来进行分析。李辉等（2018）在对北京市机动车污染防治政策效力进行评估时，对 2013~2017 年政策进行文本量化分析，主要从文本类型、政策效力等方面来进行分析。安琴等（2018）在研究广东省科技金融政策文本时，对政策进行文本量化分析，主要从政策文本年度数量、文本区域分布、文本作用面、文本颁布主体、文本类型等方面进行分析。崔璐等（2020）在研究现行的科技金融政策时，对政策进行文本量化分析，主要从文本类型、发文主体及发文数量、主题关联性、政策工具使用等方面来进行分析。

因此，针对京津冀地区出台的大量关于政府引导基金政策文件，为了判断这些文件是否与当地经济社会的协同发展相适应；京津冀地区在颁发政策时发文部门之间协作如何；引导基金法律法规等是否完善；引导基金是否均匀投到所需产业等问题，有必要收集京津冀三省（市）引导基金的政策，从而将政策进行梳理、分类以进行文本量化研究。

5.1 研究对象的选取

京津冀地区引导基金政策是本书数据的收集对象，收集的范围包括 60 多个发布部门单独或共同颁布的与政府引导基金相关的政策，运用"北大法宝"，以"政府引导基金"为关键词进行搜索，对收集到的政策进行筛选与剔除后，最终纳入研究样本的引导基金政策共计 549 项，其中北京市 142 项，天津市 62 项，河北省345项。并且对纳入研究样本的引导基金政策进行文本量化分析。

5.2 政策文本年度分析

从年度政府引导基金政策颁布数量来看，北京自2006年以来呈现出政策颁布数量较集中的特点，13年共颁布政策142项，年均颁布10.92项，在2016年达到峰值24项。天津市颁布引导基金政策呈现先升后降的特点，累计颁布62项，年均颁布4.77项。其中，2006～2017年颁布的引导基金政策呈现逐年上升的趋势，并且在2017年达到峰值15项，随后颁布数量逐年回落。河北省颁布的引导基金政策总体波动幅度较大，且政策发布数量较多。13年累计发布345项，2006～2016年颁布政策逐年上升，2016年达到峰值82项，随后开始回落。颁布政策高峰期主要集中在2014～2019年。

京津冀三省（市）的引导基金政策文本数量及变化趋势如图5-1所示。首先，三省（市）颁布政策趋势大致相同，2006～2014年政策颁布数量相对变化不大，但是2014～2019年政策数量差距开始拉大。其中2016年差距最明显，河北省2016年颁布政策最多，高达82项，天津市颁布政策最少，低至4项。差距高达78项。其次，2006～2014年河北省颁布的引导基金政策增长幅度与天津、北京大致相当。自2014年起，河北省政策颁布开始大幅增长，成为京津冀增长最快的省份。由此可见，2014年是一个转折点。由于2014年国家主席习近平在北京主持召开座谈会，再次强调实现京津冀协同发展的重要性。2015年通过了《京津冀协同发展规划纲要》，京津冀协同发展迎来实质发展期。河北各地也开始积极承接北京外迁产业。而2016年河北颁布引导基金政策达到峰值，也间接说明了河北省在京津冀协同发展时期投入的政策力度加强。

5.3 政策主体分析

首先，根据京津冀三省（市）的发文部门和发文量可知，三省（市）发文量最多的是各省（市）级政府部门，其中北京市政府独立发文量占总发文量的37.90%（见表5-1），天津市政府独立发文量占总发文量的79.66%（见表5-2），

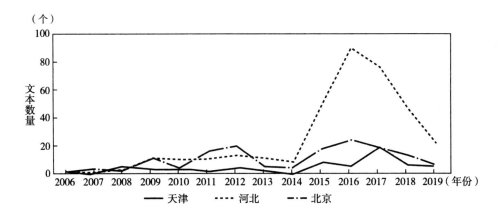

图 5-1 京津冀三省（市）的引导基金政策文本数量及变化趋势

资料来源：北大法宝。

河北省政府独立发文量占总发文量的 23.40%（见表 5-3）。其次，京津冀三省（市）发文较多的部门是北京市海淀区人民政府、天津市滨海新区政府、石家庄市政府。河北省独立发文量部门最多，共有 28 个部门独立发文，北京有 23 个独立发文部门，天津有 6 个独立发文部门。

表 5-1 2006~2019 年北京市独立发文部门发文量

年份	2006	2007	2008	2009	2010	2011	2012	2013	2014	2015	2016	2017	2018	2019	合计	比例（%）
北京市财政局	0	0	0	0	1	0	0	0	0	1	1	0	0	0	3	2.42
北京市昌平区人民政府	0	0	0	0	0	1	3	1	0	3	2	0	1	0	11	8.87
北京市朝阳区人民政府	0	0	0	0	0	1	0	0	0	1	2	0	1	1	6	4.84
北京市大兴区人民政府	0	0	0	0	0	0	0	0	0	0	1	0	1	0	2	1.61
北京市东城区人民政府	0	0	0	0	0	0	0	0	0	1	3	0	1	0	5	4.03
北京市发展和改革委员会	1	0	0	1	0	0	2	0	0	0	1	0	0	0	5	4.03

续表

年份	2006	2007	2008	2009	2010	2011	2012	2013	2014	2015	2016	2017	2018	2019	合计	比例（%）
北京市房山区人民政府	0	0	0	0	0	0	0	0	0	1	2	0	0	0	5	4.03
北京市海淀区人民政府	0	2	0	1	1	1	2	1	1	1	1	1	3	1	16	12.90
北京市经济和信息化委员会	0	0	0	0	0	2	0	0	0	0	0	0	0	0	2	1.61
北京市科学技术委员会	0	0	0	0	0	0	1	0	0	0	0	0	0	0	1	0.81
北京市密云区人民政府	0	0	0	0	0	0	0	0	0	0	0	1	0	0	1	0.81
北京市民政局	0	0	0	0	0	1	0	1	0	0	0	0	0	0	2	1.61
北京市商务委员会	0	0	0	0	0	0	0	0	0	0	0	1	0	0	1	0.81
北京市石景山区人民政府	0	0	0	0	0	1	1	0	0	0	1	0	0	0	3	2.42
北京市顺义区人民政府	0	0	0	0	0	0	0	0	0	2	1	0	0	0	3	2.42
北京市通州区人民政府	0	0	0	0	0	0	1	0	0	0	0	0	1	0	2	1.61
北京推进"一道一路"领导小组	0	0	0	0	0	0	0	0	0	0	0	2	0	0	2	1.61
北京市西城区人民政府	0	0	0	0	0	0	1	0	0	0	0	0	0	0	1	0.81
北京市延庆区人民政府	0	0	0	0	0	0	0	0	0	0	0	0	1	0	1	0.81
北京市延庆县人民政府	0	0	0	0	0	0	1	0	0	0	0	0	0	0	1	0.81
北京市政府	0	0	0	9	1	8	4	3	3	4	8	5	0	2	47	37.90
北京市中关村科技园区管理委员会	0	0	0	0	1	0	0	0	0	0	0	1	0	1	3	2.42
中关村国家自主创新示范区领导小组	0	0	0	0	0	0	0	0	0	0	0	1	0	0	1	0.81
年度单独颁布政策合计	1	2	0	11	4	15	16	6	4	14	23	9	12	5	124	100.00

资料来源：北大法宝。

表 5-2 2006~2019 年天津市独立发文部门发文量

年份	2006	2007	2008	2009	2010	2011	2012	2013	2014	2015	2016	2017	2018	2019	合计	比例（%）
国家统计局天津调查总队	0	0	0	1	0	0	0	0	0	0	0	0	0	1	2	3.64
天津市滨海新区政府	0	0	0	0	1	0	1	0	0	0	0	2	0	0	4	7.27
天津市财政局	0	0	0	0	0	0	0	1	0	0	0	0	0	0	1	1.81
天津市发展和改革委员会	0	0	0	0	0	1	0	1	0	0	0	0	0	0	2	3.64
天津市科学技术委员会	0	0	0	0	0	0	1	0	0	0	1	0	0	0	2	3.64
天津市政府	0	0	5	2	1	2	1	1	0	5	3	15	5	4	44	80.00
年度单独颁布政策合计	0	0	5	3	3	2	4	2	0	5	4	17	5	5	55	100.00

资料来源：北大法宝。

表 5-3 2006~2019 年河北省独立发文部门发文量

年份	2006	2007	2008	2009	2010	2011	2012	2013	2014	2015	2016	2017	2018	2019	合计	比例（%）
保定高新技术产业开发区	0	0	0	0	1	0	0	0	0	0	0	0	0	0	1	0.30
保定市政府	0	0	0	0	0	0	0	0	0	0	1	2	2	0	5	1.52
沧州市政府	0	0	0	0	1	0	1	0	0	2	6	3	2	0	15	4.56
承德市政府	0	0	0	0	0	0	0	0	0	0	1	3	2	0	6	1.82
邯郸市科学技术局	0	0	0	0	0	1	0	0	0	0	0	0	0	0	1	0.30
邯郸市政府	1	0	0	0	0	1	1	0	0	8	10	7	7	3	38	11.55
河北省财政厅	0	0	0	0	0	0	0	0	0	0	0	2	0	1	5	1.52
河北省发展和改革委员会	0	0	1	1	0	0	0	2	1	1	7	8	1	0	22	6.69
河北省工业和信息化厅	0	0	0	0	0	0	0	0	0	4	1	0	0	0	5	1.52
河北省科学技术厅	0	0	2	1	0	4	0	1	0	0	0	2	0	0	10	3.04

续表

年份	2006	2007	2008	2009	2010	2011	2012	2013	2014	2015	2016	2017	2018	2019	合计	比例（%）
河北省人大（含常委会）	0	1	0	0	0	0	0	0	0	0	0	0	0	0	1	0.30
河北省人力资源和社会保障厅	0	0	0	0	0	0	0	0	0	0	1	1	0	0	2	0.61
河北省人民政府国有资产监督管理委员会	0	0	0	0	0	0	0	0	0	0	1	0	0	0	1	0.30
河北省体育厅	0	0	0	0	0	0	0	0	0	0	1	0	0	0	1	0.30
河北省政府	0	0	0	4	5	3	8	2	4	10	19	8	8	6	77	23.40
河北省住房和城乡建设厅	0	0	0	0	0	0	0	0	0	0	1	1	0	0	2	0.61
衡水市政府	0	0	0	0	0	0	1	1	0	4	11	11	5	0	33	10.03
廊坊市政府	0	0	0	2	0	0	0	0	0	7	6	1	2	0	18	5.47
秦皇岛市政府	0	0	0	0	0	0	0	0	0	0	2	0	0	0	2	0.61
青龙满族自治县政府	0	0	0	0	0	0	0	0	0	0	1	0	0	0	1	0.30
石家庄市发展和改革委员会	0	0	0	1	0	0	0	0	0	0	0	0	0	0	1	0.30
石家庄市政府	0	0	0	0	3	0	1	2	1	8	11	10	10	6	55	16.72
唐山市政府	0	0	0	0	0	0	0	0	0	3	2	0	1	3	9	2.74
邢台市政府	0	0	0	0	0	0	0	0	0	0	3	8	4	0	15	4.56
张家口市政府	0	0	0	1	0	0	0	0	0	0	0	0	1	0	2	0.61
唐山市人大（含常委会）	0	0	0	0	0	0	0	0	0	0	0	0	0	1	1	0.30
年度单独颁布政策合计	1	1	3	10	10	11	12	11	7	48	82	68	45	20	329	100.00

资料来源：北大法宝。

从表5-4可以看出，京津冀三省（市）在颁布引导基金政策时，多部门共同参与相对较少。三省（市）以二部门参与为主，三部门参与次之。从总体来看，2013年后京津冀三地政策参与部门的个数呈现增长的趋势。但是三部门参与依旧最少。从京津冀具体联合颁布政策来看，北京联合颁布政策总数 21 项，占北京市颁布总政策数的 14.79%，其中两部门参与颁布政策 15 项，占总北京联合颁布政策总数的 71.43%，三部门参与颁布政策 4 项，占总北京联合颁布政策总数的 19.05%。天津市联合颁布政策 9 项，占总天津市颁布政策数的 14.52%，其中二部门参与颁布政策 6 项，占总天津联合颁布政策总数的 66.67%，三部门参与颁布政策 2 项，占天津联合颁布政策总数的 22.22%。河北省联合颁布政策 18 项，占 2006~2019 年河北省颁布政策数的 5.22%，其中二部门参与颁布政策 15 项，占总河北省联合颁布政策总数的 83.33%，三部门参与颁布政策 2 项，占总河北省联合颁布政策总数的 11.11%。说明三地都以单独颁布引导基金政策为主，在多部门联合颁布政策方面，三地以两部门联合颁布政策为主。

表5-4 京津冀三省（市）政府引导基金政策部门参与年度分布

年份	2006	2007	2008	2009	2010	2011	2012	2013	2014	2015	2016	2017	2018	2019
京	0	3	2	0	0	2	2	0	0	3	2	3	4	2
津	2	0	0	0	0	0	0	0	0	2	2	3	2	3
冀	0	0	0	2	0	0	3	0	2	2	2	3	2	2

资料来源：北大法宝。

5.4 政策文本类型分析

根据对京津冀三省（市）的引导基金政策的主题词进行总结，如表5-5、表5-6 和表5-7 所示，本书将政策分为实施细则类、指导意见类、规章条例类、管理办法类、决定决议类、发展规划类 6 种类型。根据文本类型的划分，京津冀三省（市）实施细则类政策发布数量最多，指导意见类次之。在实施细则类文本中，北京市引导基金则政策 112 项，占比 78.87%；天津市引导基金政策 52 项，占比 83.87%；河北省引导基金政策 199 项，占比 57.68%。从政策的种类上看，河北省颁布的引导基金政策类型呈现多样化的特点。可见，在京津冀一体化的进程中，河北省政策力度在加强。

表5-5　北京市政策文本类型

文本类型	涵盖范围	政策数量（份）	比例（%）
实施细则类	通知、细则	112	78.87
发展规划类	规划、纲要	3	2.11
指导意见类	意见、实施意见	27	19.02

资料来源：北大法宝。

表5-6　天津市政策文本类型

文本类型	涵盖范围	政策数量（份）	比例（%）
规章条例类	规章	1	1.61
实施细则类	通知	52	83.87
指导意见类	意见、实施意见	9	14.52

资料来源：北大法宝。

表5-7　河北省政策文本类型

文本类型	涵盖范围	政策数量（份）	比例（%）
实施细则类	通知、通告、指南、公告	199	57.68
指导意见类	意见、实施意见	136	39.42
规章条例类	条例	2	0.58
管理办法类	方案、措施、办法	5	1.45
决定决议类	决定	2	0.58
发展规划类	规划	1	0.29

资料来源：北大法宝。

5.5　政策关键词分析

5.5.1　高频关键词提取

通过政策文本关键词分析，可以更好地了解政策文本的主题以及内容。本书通过对 549 项引导基金政策关键词进行分类，共计总结关键词 30 个。其中，创新创业、产业转型、科技创新出现频率较高，而天使投资、现代产业、文化创意产业等出现频率较低。高频关键词反映了政策的重点内容，但是不能反映关键词间相互关系，因此，需要进一步进行共词网络分析（见表5-8）。

表 5-8 关键词及其频数

序号	关键词	频数
1	创新创业	63
2	产业转型	52
3	科技创新	45
4	创业投资	29
5	新兴产业	21
6	金融科技	21
7	卫生与健康事业	19
8	服务业	18
9	重点领域	18
10	体育产业	16
11	投融资	14
12	中小企业	13
13	科技成果转化	13
14	海洋经济	12
15	养老服务	12
16	现代农业	10
17	服务贸易	10
18	小型微型企业	9
19	民间投资	8
20	服务外包产业	8
21	科技金融	7
22	民营经济	6
23	旅游产业	6
24	股权投资	5

序号	关键词	频数
25	水价调整补偿机制	4
26	企业上市	4
27	天使投资	3
28	国民经济和社会发展	3
29	现代产业	3
30	文化创意产业	3

资料来源：北大法宝。

5.5.2　共词网络分析

通过对两两关键词同时出现在同一篇政策中进行统计，构成高频关键词共词矩阵，对角线上的频数为出现该关键词的政策文本份数，其余单元格频数为横项和纵向关键词共同出现在同一篇政策文本的份数，其结果如表5-9所示。关键词为科技创新的政策文本份数最多，而关键词为金融科技的政策文本份数最少。然后运用共词矩阵导入社会网络分析软件UCINET，利用NetDraw绘制关键词共线网络，筛选出21个高频关键词，其相互之间的关系网络如图5-2所示。

表5-9　高频关键词矩阵（部分）

关键词	创新创业	产业转型	科技创新	创业投资	新兴产业	金融科技	服务业	重点领域
创新创业	109	25	68	45	51	3	39	30
产业转型	25	69	29	20	38	0	32	23
科技创新	68	29	184	62	68	5	77	53
创业投资	45	20	62	149	67	3	64	38
新兴产业	51	38	68	67	162	1	81	53
金融科技	3	0	5	3	1	6	1	0
服务业	39	32	77	64	81	1	177	61
重点领域	30	23	53	38	53	0	61	105

资料来源：北大法宝。

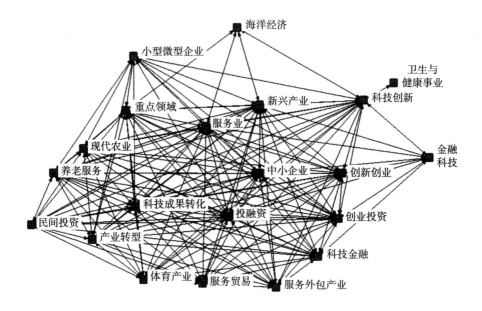

图 5-2 关键词的知识网络图

资料来源：笔者依据北大法宝相关数据进行整理分析并绘制。

图5-2显示了引导基金政策的核心主题词及其相关性，首先，从表5-10可以看出，科技创新、中小企业、服务业、新兴产业、投融资、创业投资等具有中心度优势，其点度中心度较高（见图5-2）。在引导基金知识网络中具有较高的影响力，是该阶段研究的热点。其次，由于具有中心度优势，说明引导基金投融资渠道单一，投融资机制存在一定的问题。同时，中小企业尤其是在创业初期，需要资金支持，而创业投资与创新创业紧随其后，说明借助创新创业和创业投资可以推动中小企业的发展。此外，服务外包产业、海洋经济、卫生与健康事业、养老服务等中心较低，处于网络图边缘地带，其政策关注度相对较低。

表 5-10 引导基金政策终绝对点度、中心度值大于 7 的关键词

关键词	绝对中心度	相对中心度
科技创新	693	39.828

续表

关键词	绝对中心度	相对中心度
中小企业	680	39.080
服务业	664	38.161
新兴产业	622	35.747
创业投资	588	33.793
投融资	474	27.241
重点领域	467	26.839
创新创业	466	26.782
科技成果转化	439	25.230
科技金融	313	17.989
产业转型	272	15.632
现代农业	209	12.011
服务贸易	182	10.460
养老服务	175	10.057
民间投资	119	6.839
体育产业	103	5.920
服务外包产业	37	2.126
小型微型企业	32	1.839
金融科技	21	1.207
海洋经济	7	0.402
卫生与健康事业	1	0.057

资料来源：北大法宝。

5.5.3　共词聚类分析

为加深对政策认识，知晓引导基金政策关注的热点领域，需要对共词矩阵进行聚类分析。根据引导基金政策共词矩阵运用 SPSS 对其进行聚类分析，得到聚类分析图如图5-3所示。依据分析结果，引导基金政策的关注点主要集中于5大方面。

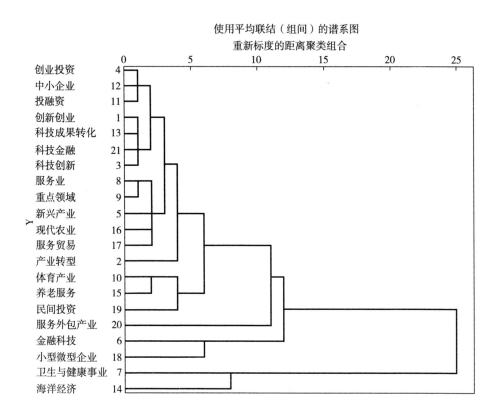

图5-3 系统聚类分析树状图

资料来源：笔者依据北大法宝相关数据进行整理分析并绘制。

    第一方面重点关注创新服务与创业发展，包含创业投资、中小企业、投融资、创新创业、科技成果转化、金融科技、科技创新7个关键词。创新服务与创业发展可以有效地推动中小企业的发展，推动产业结构优化升级与科技成果的转化。第二方面重点关注产业发展与产业转型，包括服务业、重点领域、新兴产业、现代农业、服务贸易、产业转型6个关键词，无论是新兴产业的发展还是产业结构的优化升级都离不开引导基金的支持。第三方面重点关注民间服务产业与外包，包括体育产业、养老服务、民间投资、服务外包产业 4 个关键词，服务外包产业与其他产业的融合，在一定程度上降低产业成本，但是也需有效的服务外包产业政策支持。第四方面重点关注金融科技与小微企业，包含金融科技与小型微型企业两个关键词，金融科技创新可以在一定程度上缓解民营和小微企业融资难的问题，另外金融科技可以有效改善银行与小型微利企业之间信息的不对称性与风险管理的问题。第五方面重点关注卫生与海洋经济，发展海洋经济可以推动沿海城市经济的发展，而卫生与健康事业一直是普遍关心的话题，这些都需要引导基金政策的支持。

5.6　研究结论

京津冀地区出台大量的政策，为京津冀地区的发展提供了政策支持，然而政府引导基金政策也存在一定的问题，为了充分发挥政府引导基金政策对我国经济发展的引导作用，本书通过对政策文本的年度分析、政策主体、政策的文本类型、政策的关键词等进行文本量化分析可以看出，2006~2019 年，从颁布政策数量来看，京津冀三省（市）颁布的引导基金政策数量呈先升后降的趋势。其中，河北省颁布政策波动幅度最大，2016 年达到峰值 82 项。体现了河北省在承接北京外迁产业时，政策力度在逐步加强。从政策主体看，三省（市）的地市级政府发文量最多，都以独立发文为主，联合发文数量相对较少，间接说明了三省（市）引导基金政策协同机制未建立。从政策文本类型来看，三省（市）颁布的政策文本类型以实施细则类为主，规章条例类相对较少。说明京津冀地区在引导基金政策方面法律制度不完善。从政策的关键词来看，引导基金分布不均匀，同质化严重。从图 5-2 可知，科技创新、中小企业、服务业、新兴产业、投融资、创业投资等具有中心度优势，在引导基金知识网络中具有较高的影响力，是该阶段研究的热点话题。从图 5-3 可知，政府引导基金重点关注创新服务与创新发展、产业发展与产业转型、民间服务业务外包、金融科技与小微企业、海洋经济与卫生 5 大方面的内容。

6 政府引导基金政策效率评价——以京津冀为例

随着党的十九大提出实施创新驱动发展战略和加快建设创新型国家的举措，对于创新发展的需求也在日益增长。政府引导基金作为促进创新发展和经济建设的主要手段之一，通过培育和促进私募市场发展来补足创新型企业股权资本的缺口，是促进区域创新发展、产业升级的重要力量，能够助推京津冀协同发展。京津冀作为全国最早推出政府引导基金的地区，其对政府引导基金的设立和管理均处于领先地位。该地区政府引导基金数量增长迅速、领域不断扩宽、运作模式越来越完善。因此，充分发挥政府引导基金政策效果对于推动京津冀地区的协同发展和完成"双创"的目标是必不可少的。

自 2002 年起，我国的政府引导基金经历了起步探索、逐步发展、井喷发展和稳步发展几个重要阶段。截至 2020 年 10 月 26 日，各地设立的政府引导基金数量已经超过 2000 余只，已到位资金规模接近 4.3 万亿元。政府引导基金的发展离不开相关政策的支持，各级政府纷纷出台诸多涉及推进政府引导基金发展、规范政府引导基金管理、加强政府引导基金业绩评价等方面的政策措施。在政策推动下，各地积极设立政府引导基金，但是政府引导基金成立后缺少必要的投资管理和绩效评价，使得政府引导基金的作用没有得到有效实现。

京津冀作为首都的经济圈，其独有的经济发展模式对地区间的商业经济、科技创新都有所助力，是推动京津冀创新发展的重要组成部分之一。京津冀地区历来重视政府引导基金的发展，出台了 500 余项相关政策，希望发挥政府引导基金的引导作用，吸引更多社会资本，助力产业升级和创新发展。基于此本书选取京津冀三地的政府引导基金政策作为研究对象，深入分析政府引导基金的政策是否充分发挥了其应有的作用促进该地区创新发展，京津冀三地是否实现了经济圈带来的协同经济发展。同时，为了解京津冀三地的政府引导基金政策运行效率究竟如何，本书通过综合应用层次分析法（AHP）和熵值法结合，将政府引导基金政策内容进行有效量化，利用灰色关联度对京津冀地区的政府引导基金政策效率进行测算，研究得出京津冀政府引导基金政策与政策综合产出以及政策力度、目标、措施三方面的具体政策效率。在通过研究和借鉴国外政府引导基金促进创新发展的理论和绩效评价的基础上，为提升政府引导基金政策效率提供一些理论参考。

6.1　文献综述

对于政府引导基金促进企业创新发展这一问题，国内外学者有比较统一的认识。杨大楷和李丹丹（2012）通过梳理政府引导基金的必要性研究发现，政府引导基金可以在一定程度上解决由信息不对称导致的市场失灵问题，从而促进企业创新和经济发展。黄嵩和倪宣明等（2020）通过创业投资基金对科技型初创企业的投资情况进行分析，验证了政府引导基金对企业技术创新水平的促进作用。王晗和刘慧侠等（2018）也同样证实了政府引导基金对企业创新的积极影响。而不同省份政府引导基金的引导效应有所不同，杨敏利等（2014）通过省际大数据样本实证检验了政府引导基金的引导效应，发现在创新成熟度不同的省份间政府引导基金的引导效应有所差异。政府引导基金的引导作用也存在一定的局限性。施国平（2016）运用双重差分模型，得出政府引导基金政策的引导作用仅限于部分创投机构。也有学者关注了政府引导基金促进作用的行业差异性，Terttu Luuk-konen 等（2013）通过对比欧洲政府性基金在全球风险投资公司和独立风险投资公司对企业投资后发展以及增值活动的绩效，发现政府性引导基金对重要行业的促进作用低于其他行业。

为了将基金政策实施效果更加直观地展现，学者从在不同角度构建了基金的绩效评价体系，推进了基金政策绩效评价的发展，蒋蔚（2009）把加权内部收益率作为因变量构建回归模型，对政策进行绩效评价，验证政府风险投资与相关因素关系的假设。李洪江和鲍晓燕（2011）从政策效应的角度理论构建绩效评价体系，为后续绩效评价提供了全新的研究视角。朱杰和陈浪南（2013）通过构建反映动态指标变化的 SSM 模型，根据各期系统风险，评价基金的平均系统风险水平。顾婧等（2015）在综合考察政府引导基金的三方面效应的基础上，基于直觉模糊层次分析法，考察了政府引导基金的绩效。周博文和张再生（2017）采用数据包络分析法从综合效率和规模收益两方面构建了众创政策评价体系。

综上，学者在研究政府引导基金的促进引导作用和绩效评价上比较丰富，但是针对政府引导基金政策效率的研究还比较少。基于此，本书收集了京津冀地区2005～2018年的政府引导基金相关政策，并从政策力度、目标和措施三方面将其进行量化，期望能够把其政策内容全面地通过数据形式展现出来，并将其量化结果以客观和主观的方法结合对其投入产出的效率进行研究分析后，针对研究结果提出提升的建议和对策。

6.2 政府引导基金政策量化统计分析

6.2.1 政策文本的获取

本书通过《中国法律法规数据库》"北大法宝"，主要检索"政府引导基金"这一法规关键词，收集了北京市、天津市、河北省2005～2018年各个政府部门发布的与政府引导基金相关的政策，剔除无关的政策后，最终纳入样本的政府引导基金政策共计518条，其中北京市137条，天津市56条、河北省325条。

6.2.2 京津冀政府引导基金政策文本量化分析

京津冀三个地区的2005～2018年政府引导基金政策量化结果如表6-1和图6-1所示，可以看出京津冀三地的政府引导基金政策量化数值呈总体上升趋势，说明政策效力随着时间逐步加强。而从三地间的政策量化结果来看，河北省的政策水平较高，北京市次之，天津市较低。

表6-1 京津冀政府引导基金政策文本数量

地区＼年度	2005	2006	2007	2008	2009	2010	2011	2012	2013	2014	2015	2016	2017	2018	合计
北京市	0	14	26	26	88	33	132	184	42	40	167	260	205	155	1372
天津市	0	13	0	91	47	41	37	46	31	0	84	81	278	102	851

续表

年度 地区	2005	2006	2007	2008	2009	2010	2011	2012	2013	2014	2015	2016	2017	2018	合计
河北省	12	12	16	33	179	121	167	149	128	99	702	1221	981	774	4594
合计	12	39	42	150	314	195	336	379	201	139	953	1562	1464	1031	6817

资料来源：北大法宝。

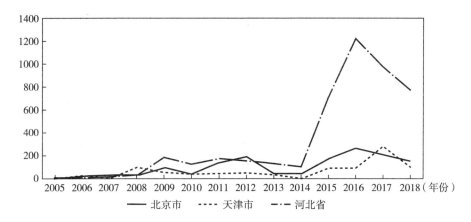

图6-1　京津冀政府引导基金政策数量

资料来源：北大法宝。

6.3　政府引导基金政策评价量化方法

6.3.1　政府引导基金政策文本量化评价标准

政策作为政府引导基金的主要表现形式，一般以文字的形式展现，但是由于文字不能直接代入公式、模型进行计算，所以我们要对政策进行数据化处理。政府引导基金政策量化的具体方法主要借鉴了彭纪生和仲为国（2008）在对近30年的国家技术创新政策进行量化和定量分析的过程中制定的一套政策量化标准。本书借鉴了该手册，对京津冀三地的政府引导基金政策进行数值化处理。并且为了使得政策内容可以以数据形式全面展现出来，本书在政策力度、政策目标、政策措施这三个方面对每条政策进行打分。其中，本书根据政府引导基金政策内容的特点对力度、目标、措施三个方面制定了12个二级指标，全方位地对政策进行打分。详细的政策量化打分标准如表6-2所示。

表 6-2　政策量化标准

一级指标	二级指标	得分	评判标准
政策力度	政策力度	5	规章、条例、规定
		4	复议、批复、办法、暂行规定
		3	通知、决议、通告、公告
		2	细则、指南、方案、措施、意见
		1	规划、纲要
政策目标	产业发展与转型	5	"必须""严禁""严格遵照""严格执行"等最强最详细的描述
		4	"不得低于/超过""严格使用"等强语气详细的描述
		3	"充分利用""充分调动""最大化使用"等较强语气描述
		2	"在……的前提下，亦可""完善""健全""支持"等条件一般性描述
		1	"可根据""加强""增加"等一般性描述
	科技成果转化	5	"必须""严禁""严格遵照""严格执行"等最强最详细的描述
		4	"不得低于/超过""严格使用"等强语气详细的描述
		3	"充分利用""充分调动""最大化使用"等较强语气描述
		2	"在……的前提下，亦可""完善""健全""支持"等条件一般性描述
		1	"可根据""加强""增加"等一般性描述
	科技创新	5	"必须""严禁""严格遵照""严格执行"等最强最详细的描述
		4	"不得低于/超过""严格使用"等强语气详细的描述
		3	"充分利用""充分调动""最大化使用"等较强语气描述
		2	"在……的前提下，亦可""完善""健全""支持"等条件一般性描述
		1	"可根据""加强""增加"等一般性描述
	金融创新	5	"必须""严禁""严格遵照""严格执行"等最强最详细的描述
		4	"不得低于/超过""严格使用"等强语气详细的描述
		3	"充分利用""充分调动""最大化使用"等较强语气描述
		2	"在……的前提下，亦可""完善""健全""支持"等条件一般性描述
		1	"可根据""加强""增加"等一般性描述
	国民经济和社会发展	5	"必须""严禁""严格遵照""严格执行"等最强最详细的描述
		4	"不得低于/超过""严格使用"等强语气详细的描述
		3	"充分利用""充分调动""最大化使用"等较强语气描述
		2	"在……的前提下，亦可""完善""健全""支持"等条件一般性描述
		1	"可根据""加强""增加"等一般性描述
	实体经济发展	5	"必须""严禁""严格遵照""严格执行"等最强最详细的描述
		4	"不得低于/超过""严格使用"等强语气详细的描述
		3	"充分利用""充分调动""最大化使用"等较强语气描述
		2	"在……的前提下，亦可""完善""健全""支持"等条件一般性描述
		1	"可根据""加强""增加"等一般性描述

续表

一级指标	二级指标	得分	评判标准
政策措施	行政措施	5	列出具体措施，对每一项进行严格的执行与控制标准，并对其进行具体详尽的说明
		4	列出具体措施，对每一项写明严格的执行标准，并给出一定的说明
		3	列出较具体的措施，并简单说明
		2	列出基本措施，无说明
		1	仅从宏观角度谈及相关内容，无具体措施
	财政税收措施	5	列出具体措施，对每一项进行严格的执行与控制标准，并对其进行具体详尽的说明
		4	列出具体措施，对每一项写明严格的执行标准，并给出一定的说明
		3	列出较具体的措施，并简单说明
		2	列出基本措施，无说明
		1	仅从宏观角度谈及相关内容，无具体措施
	人事措施	5	列出具体措施，对每一项进行严格的执行与控制标准，并对其进行具体详尽的说明
		4	列出具体措施，对每一项写明严格的执行标准，并给出一定的说明
		3	列出较具体的措施，并简单说明
		2	列出基本措施，无说明
		1	仅从宏观角度谈及相关内容，无具体措施
	金融服务措施	5	列出具体措施，对每一项进行严格的执行与控制标准，并对其进行具体详尽的说明
		4	列出具体措施，对每一项写明严格的执行标准，并给出一定的说明
		3	列出较具体的措施，并简单说明
		2	列出基本措施，无说明
		1	仅从宏观角度谈及相关内容，无具体措施

从表6-2可以看出，本书制定的打分标准主要从政策的力度、目标和措施三个方面对政策进行全面性的打分量化。力度主要是根据发文等级的效力大小；目标主要是根据政策中对目标描述的详细程度与语气强弱程度；措施主要根据政策中提及措施详细程度分别从0~5进行打分，从而确定单一政策的最终得分。最后，将单一年度政策的最终得分值为相应年度内的所有政策的最终量化值的加和，具体计算如下公式：

$$EAM_{pt} = \sum_{i=1}^{n} (m_i + a_i)e_i \tag{6-1}$$

式（6-1）中，p 表示得分政策的发表省份；t 表示得分政策的发表时间，i 表示第 p 个省份、第 t 年颁布的第 i 条政策；(m_i+a_i) 表示第 i 项的政策措施（measure）的得分和政策目标（aim）的得分；e_i 表示第 i 条政策的力度（effort）得分；EAM_{pt} 表示第 p 个省、第 t 年政府引导基金政策内容的力度、目标和措施的整体状况。

6.3.2 政府引导基金政策产出综合评价分析

本书在创新绩效和经济绩效两个方面建立产出指标体系，首先对一级指标进行 AHP 层次分析法赋权，其次对二级指标使用熵值法进行赋权，最后对京津冀地区的政府引导基金进行政策产出结果进行综合评价。

（1）政府引导基金政策产出评价指标体系。创新绩效产出是有关于政府引导基金政策的投入与产出成果，主要表现在两个方面：一是对企业创新的推动程度；二是对经济发展的提升程度。对企业创新的推动，主要表现在发明技术申请数量和授权数量、技术市场成交额；而经济绩效主要表现在对社会经济发展的推动。

其中，选择地区发明专利的申请数量和技术市场成交额作为创新绩效二级指标；选取了地区 GDP 和人均 GDP 这两个指标作为经济绩效指标，分别对政府引导基金政策进行创新和经济绩效评价。政府引导基金政策产出综合评价指标体系如表 6-3 所示。

表 6-3　政府引导基金政策产出综合评价指标体系

指标	一级指标	二级指标
产出效率	创新绩效	该地区发明专利申请授权数量
		该地区技术市场成交额
	经济绩效	该地区生产总值
		该地区人均 GDP

（2）评价指标赋权。在指标赋权里，为了避免在指标赋权中出现在主观性

或客观性过强导致的不全面的结果，本书借鉴相关研究的做法，在构建评价指标体系时充分平衡主观和客观指标权重。

组合赋权法确定指标权重的具体步骤如下：

1）将一级的各个指标先进行 AHP 主观赋权，得出一级指标的权重 α_i。

2）对二级指标运用熵值法赋权：由于各项指标的计量单位并不统一，因此在使用它们得出综合评价之前，需要先对数据进行无量纲化，然后再对指标进行赋权。为了能得到较为客观的权重，在本书的研究中，指标的客观权重采用熵值法进行计算，熵值法的计算原理如下：

由于各项指标的计量单位并不统一，无法直接进行比较、计算，所以在对各指标权重计算前，需将各个数据标准化处理。根据研究内容需要，本书构建了正向的二级指标，且数值越大代表该项指标反映的因素越好。其标准化公式为：

$$x'_{ij} = \frac{x_{ij} - \min\{x_{1j}, \cdots, x_{nj}\}}{\max\{x_{1j}, \cdots, x_{nj}\} - \min\{x_{1j}, \cdots, x_{nj}\}} \tag{6-2}$$

由于一些指标数值在进行标准化处理后，可能会出现数值较小或负值的情况，而为了消除负值和零的影响，本书对标准化后的数据进行了平移处理：

$$x''_{ij} = H + x'_{ij}$$

其中，H 为指标平移的幅度，一般取值为 1。

本书使用比重法对数据进行处理，得到第 j 项指标中第 i 个数据占该项指标总和的比值：

$$P_{ij} = \frac{x''_{ij}}{\sum_{i=1}^{n} x_{ij}}$$

计算第 j 项指标的熵值：

$$e_j = -\frac{1}{\ln(n)} \sum_{i=1}^{n} P_{ij} \ln(P_{ij})$$

计算信息熵的信息冗余度：

$$g_j = 1 - e_j$$

最后，得出各项二级指标的权重：

$$\beta_j = \frac{g_j}{\sum\limits_{j=1}^{n} g_j}$$

其中，$j = 1, 2, \cdots, s$

采用熵值法，最终得到的权重结果如表6-4所示。

表6-4 政府引导基金政策产出指标体系及权重

目标层	一级指标	权重	二级指标	权重	指标方向
政策产出	创新绩效	0.667	技术市场成交额	0.788	+
			国内发明专利申请量	0.212	+
	经济绩效	0.333	地区生产总值	0.539	+
			地区人均生产总值	0.461	+

6.4 政府引导基金政策的效率评价分析

6.4.1 基于灰色关联度的政府引导基金政策投入与产出分析原理

本书采取灰色关联度的方法来分析政府引导基金政策投入产出之间的关系问题，选择京津冀三地的政策最终量化数值作为参考序列，选择政策产出二级指标数据作为比较序列。设参考序列为 X_0，$X_0 = \{x_0(1), x_0(2), \cdots, x_0(n)\}$，比较序列为 X_i，$X_i = \{X_i(1), X_i(2), \cdots, X_i(n)\}$，$i = 1, 2, \cdots, m$。

为了避免由于系统中各指标的单位和数量级别不统一而无法进行比较，需要对二级指标的数据进行预处理，使指标之间可以直接进行比较。因此，本书对各项指标均进行均值标准化处理：

$$\gamma_i(k) = \frac{Y_i(k)}{\overline{Y_i}}$$

其中，$k = 1, 2, 3, \cdots, n$；$i = 1, 2, \cdots, m$

本书采用参考序列和比较序列标准化后的数据，求解关联系数，其公式为：

$$\xi(x_0(k), x_i(k)) = \frac{\min\limits_{i}\min\limits_{k}|x_0(k) - x_i(k)| + \rho \times \max\limits_{i}\max\limits_{k}|x_0(k) - x_i(k)|}{|x_0(k) - x_i(k)| + \rho \times \max\limits_{i}\max\limits_{k}|x_0(k) - x_i(k)|}$$

记 $\Delta_i(k) = | x'_0(k) - x'_i(k) |$，可以得到下式：

$$\xi(x_0(k), x_i(k)) = \frac{\min_i\min_k\Delta_i(k) + \rho \times \max_i\max_k\Delta_i(k)}{\Delta_i(k) + \rho \times \max_i\max_k\Delta_i(k)}$$

其中，$\min_i\min_k\Delta_i(k)$ 是数据的两级极小差，$\max_i\max_k\Delta_i(k)$ 是数据的两级极大差，$\xi(x_0(k), x_i(k))$ 是比较序列 X_i 的第 k 个指标和参考序列 X_0 的第 k 个指标之间的关联系数，ρ 为分辨系数。ρ 越小，分辨率越大，ρ 一般取值范围在 0~1 的区间内，通常 $\rho = 0.5$。

最后，根据之前的数据求解灰色关联度，其公式为：

$$\partial(x_0, x_i) = \frac{\sum_{k=1}^{n}(x_0(k), x_i(k))}{n}$$

根据之前学者的研究，一般当 $\rho = 0.5$ 时，$\partial(x_0, x_i) > 0.7$，效果比较理想，表明两个因素之间关联性比较强且灰色关联度的数值越大，关联性越强。

6.4.2　京津冀政府引导基金政策产出的综合评价

政府引导基金的 4 个二级产出指标的单位和数量级别不统一，这样的状况会影响数据分析的结果，所以不能直接对其直接进行加权求和来比较。首先，本书对政府引导基金的产出指标进行数据标准化处理。由于本书的 4 个产出指标都为正向指标，所以使用离差标准化对指标数据进行处理，使其结果值为 0~1，其公式如下所示：

$$T_{ab} = \frac{t_{ab} - t_{\min}}{t_{\max} - t_{\min}}$$

其中，公式中的 T_{ab} 是数据经过归一化处理后的结果，t_{ab} 表示各项指标的原始值，$t_{\min}$ 和 $t_{\max}$ 分别表示各类指标中的最小值和最大值。

京津冀三地的政策产出指标数据经过归一化处理后的结果如表 6-5 所示，可以看出技术市场成交额最大的是北京市（2018），最少的是河北省（2005）；国内发明专利申请量最多的是北京市（2018），最少的市河北省（2005）；地区生产总值最大的是河北省（2017），最小的是天津市（2005）；人均地区生产总值最大的是北京市（2018），最小的是河北省（2005）。由此可以发现创新绩效产出指标的最大值全部出现在北京市，最小值全部出现在河北省并且全部分布在2005年；而经济产出指标的最大值分别在北京市和河北省，最小值分布在天津市和河北省。

表 6-5　2005~2018 年京津冀政策产出指标标准化数值

指标 年度	技术市场成交额			国内发明专利申请量			地区生产总值			地区人均生产总值		
	北京市	天津市	河北省	北京市	天津市	河北省	北京市	天津市	河北省	北京市	天津市	河北省
2005	0.076	0.006	0	0.02	0.006	0	0.055	0	0.109	0.102	0.07	0
2006	0.109	0.008	0.001	0.024	0.007	0.001	0.075	0.01	0.135	0.116	0.087	0.007
2007	0.139	0.01	0.001	0.032	0.007	0.001	0.106	0.024	0.174	0.151	0.111	0.016
2008	0.162	0.012	0.001	0.049	0.009	0.002	0.129	0.05	0.217	0.166	0.146	0.027
2009	0.195	0.015	0.001	0.051	0.009	0.003	0.148	0.065	0.239	0.174	0.159	0.033
2010	0.25	0.017	0.001	0.059	0.011	0.004	0.183	0.095	0.295	0.197	0.194	0.046
2011	0.299	0.025	0.003	0.08	0.017	0.006	0.221	0.132	0.369	0.223	0.235	0.064
2012	0.39	0.035	0.004	0.094	0.022	0.009	0.25	0.161	0.406	0.242	0.261	0.073
2013	0.453	0.042	0.003	0.121	0.038	0.011	0.285	0.189	0.439	0.266	0.284	0.08
2014	0.498	0.06	0.003	0.14	0.04	0.013	0.312	0.212	0.457	0.284	0.301	0.084
2015	0.548	0.079	0.005	0.16	0.05	0.018	0.342	0.226	0.464	0.306	0.311	0.085
2016	0.626	0.086	0.008	0.188	0.067	0.023	0.39	0.25	0.504	0.345	0.334	0.094
2017	0.713	0.086	0.013	0.178	0.044	0.023	0.432	0.262	0.539	0.381	0.347	0.102
2018	0.788	0.108	0.042	0.212	0.046	0.032	0.523	0.169	0.512	0.461	0.237	0.094

根据上述标准化后的数据，按照 AHP 层次分析法和熵值法得出的组合权重进行加权求和，从而得出标准化的政策产出数值，结果如表 6-6 所示。从表 6-6 可以发现，京津冀三地的政策产出呈总体上升趋势；其中北京市的政策产出水平最高，增长幅度最大的 2018 年政策产出水平是 2005 年的 8 倍多，体现了北京政策产出的成果非常显著，天津市的政策产出水平略高于河北省，居于三地政策产出水平的中间位置，总体呈平稳上升趋势；河北省的政策产出水平大大落后于北京市，增长速度低于京津两地。

表 6-6　2005~2018 年京津冀标准化综合政策产出数值

年度　　　地区	北京市	天津市	河北省
2005	0.116	0.031	0.036
2006	0.152	0.042	0.048
2007	0.200	0.056	0.065
2008	0.239	0.080	0.083
2009	0.271	0.091	0.093
2010	0.332	0.115	0.117
2011	0.401	0.151	0.150
2012	0.487	0.179	0.168
2013	0.566	0.211	0.183
2014	0.624	0.238	0.191
2015	0.688	0.264	0.198
2016	0.788	0.297	0.220
2017	0.865	0.290	0.237
2018	0.995	0.238	0.252

6.4.3　京津冀政府引导基金政策效率的比较分析

本书采用灰色关联度的方法对政府引导基金的政策和政策产出二级指标进行测算，结果如表 6-7 所示。从表中可以看出，可以看出我们可以看出京津冀三地的政府引导基金政策与政策产出的灰色关联度的范围为（0.614，0.814），说明在 2005~2018 年这一时段中，政策与政策产出的各个指标均有较强关联性，这可以说明京津冀三地的政府引导基金政策整体上是有效的。

表 6-7　政府引导基金政策与政策产出二级指标灰色关联度

不同地区政策量化值 产出指标		技术市场 成交额	国内发明 专利申请量	地区生产 总值	地区人均 生产总值
政府引导基金 政策量化值	北京市	0.680	0.687	0.629	0.614
	天津市	0.765	0.762	0.762	0.760
	河北省	0.781	0.812	0.705	0.698

以灰色关联度取值 0.7 为判断标准，则显著影响的组合数有 7 个，不显著影响组合数有 5 个，所有的不显著组合都出现在北京市。这说明北京市政府引导基金的政策向相比于其他两地作用较不明显。政府引导基金政策对河北省的技术市场成交额的影响最强，而对于北京市的地区人均 GDP 的影响最弱。

根据京津冀三地的政府引导基金政策与各项政策产出指标的灰色关联度排序，分别取各个地区按从大到小排序后的前 2 个取值指标：北京市（国内发明专利申请量>技术市场成交额）、天津市（技术市场成交额>国内发明专利申请量和地区生产总值）、河北省（国内发明专利申请量>国内发明专利申请量>技术市场成交额），可以看出，京冀的政策产出效果比较类似，京津冀三地的政府引导基金对于创新绩效产出具有促进作用。京津冀政府引导基金政策对于创新绩效产出指标有比较大影响。也同时证明了政府引导基金对企业创新创业具有积极促进影响。

根据政策产出的 4 个二级指标，并对政府引导基金的政策效率进行分析后，结果不够直观，因此本书把 4 个指标通过整体权重进行加权平均后合成一个综合产出指标，与政策量化值进行灰色关联度分析，将其结果作为政府引导基金政策效率，研究结果如表 6-8 所示。

表 6-8 政府引导基金政策效率

地区	北京市	天津市	河北省
政策效率值	0.725	0.806	0.808

从表 6-8 可以看出，以灰色关联度的数值>0.7 为判断标准，京津冀三地政府引导基金与政策产出表现出较强关联性，而津冀两地政府引导基金政策效率相近，达到较为理想的水平。北京市政府引导基金政策效率虽然已大于判断标准，但相较于其他两地尚存在较大差距。故虽然北京市的政策效率最低，但其创新产量却是三地中最高的，所以，可以看出北京市的政府引导基金政策对于其创新产出来说并非其主要因素。对于津冀两地而言，虽然政策效率较大，但离充分发挥

政策效果还存在较大差距，政府引导基金政策效率还有较大的提升空间。

为了进一步探究，将政府引导基金政策在力度、目标和措施三个方面与政策产出进行灰色关联度分析，结果如表6-9所示。

表6-9　政策的力度、目标、措施和综合产出指标的灰色关联度

地区 ＼ 产出指标	力度	目标	措施
北京市	0.633	0.678	0.649
天津市	0.772	0.775	0.749
河北省	0.733	0.689	0.722

以灰色关联度数值>0.7作为政策效果理想的判断标准，可以看出天津作为三地中产出效果最为理想的城市，在政策力度、目标、措施三方面皆处于领先状态。河北省虽在政策力度与政策措施两个方面达到比较理想的状态，但其在政策目标方面还存在较大提升空间。而北京市在政策的力度、目标和措施三个方面都没有达到理想效果。结合其创新指标数据来看，出现低效率结果的主要原因可能是北京市在创新方面有比较多的资源和其他政策影响的综合结果。

6.5　研究结论

本书以京津冀三地2005~2018年的518条政府引导基金政策作为研究对象，对其经济产出、创新产出与政策投入之间的关系进行研究，试图通过探究过程所发现的关系来寻求提升政府引导基金政策效率的对策。

研究结果显示：从政策效率的方面来看，京津冀三地政府引导基金政策效率达到较为理想的水平。从政策投入与产出效率的角度来看，京津冀三地政策效率均体现在创新绩效方面，北京和河北两地政策效率主要体现在国内发明专利申请数量上，而天津主要体现在技术市场成交额。从政府引导基金的政策效率和综合产出指标来看，津冀两地政策效率都达到比较理想状态，存在差距较小。从政策力度、目标、措施和综合产出指标的效率来看，北京市的政策力度、目标、措施与其政策产出的效率较低，可能是由于政府引导基金政策只是推动政策成果产出的原因之一，而并非主要原因。河北省在其政策目标与政策产出的效率离理想效果还存在一定差距。津冀两地的力度与措施方面的效率较高，达到比较理想的效果，离完全发挥政府引导基金政策效率还存在较大差距。因此，京津冀三地的政府引导基金政策效率还存在可提升空间。综上所述，天津和河北两地政府引导基金政策效率较为理想，北京市政府引导基金政策效率相对较低，政府引导基金政策效率还存在可提升空间。

根据以上研究结果，对于京津冀三地政府引导基金政策效率提升，本书认为需要加强以下几方面建设：

（1）推进地区间协同政策建设，加强政策的持续影响力。地方政府应提高政策颁布等级，提升政策力度，明确政策目标，营造良好的创新环境，使政府引导基金在地区创新发展中发挥主导作用。根据京津冀三地不同的政府引导基金政策发展情况，因地制宜，发挥地区优势，促进地区间的融合发展，优势互补。就北京市而言，需形成政府引导基金政策对创新的主导作用，应确立政府引导基金的主导地位，形成推动创新的主要动力，充分发挥政策。

（2）加快建立京津冀地区政府引导基金的统一绩效评价体系。京津冀地区政府应建立统一完善的政府引导基金政策的相关绩效评价体系，从创新、经济等方面构建评价框架，以便及时掌握政策产出绩效薄弱环节，进行有针对性的提升。在政策效率与政策产出两者并重的状况下，颁布更为合理的政府引导基金政策以促进政府引导基金的进一步发展。

（3）提高政府引导基金的资金使用效率，更大地发挥基金作用。根据被投资企业的实际需求，适当加大政府引导基金对创新发展的投资，发挥政策的引导作用，解决调节市场配置创业投资资本的市场失灵问题，从而推动企业经济和创新发展，推动产业结构的优化升级，进而提高政策产出与政策效率，实现基金效益最大化。

本篇小结

随着国家对创新发展的大力支持，政府引导基金作为引领创新与经济转型的重要推动力，其相关政策发挥的效果如何至关重要。本篇集中分析政府引导基金相关政策，选取京津冀地区的政府引导基金政策作为主要研究对象，针对政策进行文本量化分析，并对政策的效率进行评价。

首先，本篇系统梳理了2006~2019年京津冀地区颁布的政府引导基金政策，并对政策文本的总体演进进行了分析，在此基础上，从政策文本年度数量、政策发文的主体、政策文本类型、政策关键词等方面对政府引导基金政策进行了文本量化研究。研究发现，京津冀三联合发文较少，三省（市）政府引导基金政策协同机制尚未建立，三省（市）规章条例类别较少，引导基金政策在法律制度方面不够完善。针对政府引导基金分布不均匀等问题，有针对性地提出了相应建议。本书认为：京津冀地区是北方经济版图的核心区域，政府引导基金对地区大发展、地区创新创业以及养老服务等多个方面起着较大的促进作用。

其次，本篇选取京津冀地区2005~2018年政府引导基金相关的518条政策作为研究对象，从政策力度、政策目标、政策措施三个维度构建了政策效率评价指标体系。通过采用层次分析法和熵值法对政府引导基金政策创新绩效和经济绩效两方面的产出水平进行赋权，运用灰色关联度对政府引导基金政策与创新绩效和经济绩效之间的关系进行测量，并根据研究结果提出了相应的政策建议。研究结果表明：天津和河北两地政府引导基金政策效率相对较高，北京市政府引导基金政策效率有待提升，总体而言，政府引导基金的政策效率还需要进一步提高。

第三篇

政府引导基金的投资行为特质和影响因素

7　政府引导基金的投资选择偏好

随着我国政府引导基金的不断发展，我国政府引导基金为众多中小企业的发展提供了资金支持和发展契机，因此，政府投资引导基金被越来越多的中小企创立者与中小企业投资者关注和重视。本章分析政府引导基金的投资选择偏好的影响因素，能够对政府投资引导基金的相关决策提供借鉴与指导，有助于其未来的健康发展。

7.1　理论分析与研究假设

7.1.1　被投资企业的盈利能力与投资选择偏好

政府引导基金通过间接对中小企业投资，在资金和技术上给予中小企业支持，帮助中小企业提升抵御风险的能力，不断成长发展，最终成为社会经济发展的主要推动力。企业的盈利能力一般是指企业在一定时期内获取利润的能力，企业的盈利能力不但可以反映企业在一段时间的经营成果，盈利能力强可以为企业带来更多的利润，进而对国家宏观经济发展做出贡献。企业的盈利能力是其能够在未来长期发展过程中的核心竞争要素，盈利水平的高低能够反映一家企业的业绩水平，这是投资者在选择投资对象时最关注的指标，也能够反映投资者的投资风险，因为盈利水平也是判断一家企业的资本能否保全的重要参考依据。同样，对于债权人来说，盈利能力也是考察债务人偿债能力的重要参考因素，在决定是否继续给债务人发放贷款时，需要对企业的盈利水平进行考察，以控制信贷风险。由此可见，盈利能力是包括管理者、债权人和投资者在内的多个利益相关者都非常重视的财务表现。

政府作为资金的提供方之一，通过不同方式为中小企业提供资金，中小企业可利用这些资金进行项目开发、扩大经营规模或者偿还债务，这些是中小企业外部资金来源之一。而中小企业的自身经营需要不断积累自身经营的结果，即盈利能力。盈利水平的高低能够作为企业在一段时间内收益水平高低和收益额多少的衡量指标。政府引导基金的管理机构在进行投资时，由于具有投资回报和业绩压力的要求，他们会更倾向于投资盈利能力强的公司，因此，本书提出如下假设：

假设7-1：被投资企业的盈利能力与政府引导基金的投资选择呈正相关关系。

7.1.2 被投资企业流动性与投资选择偏好

关于企业的流动性，学者从不同的角度对其含义进行了解释，其中，范霍恩（1987）认为货币作为流动性最大的资产，其表现出的价值创造能力是流动性最本质的特征，即货币转化成价值的能力最能够反映企业的流动性。萨托理斯和希尔（1994）则站在成本和风险的角度对流动性进行了定义，认为流动性最直接的表现是资产转化为现金的过程中价值损失的大小和交易成本的高低。如果企业不存在到期无法偿还债务的情况，则其具有流动性。刘汝军（1998）认为在对流动性进行分析时，仅仅考虑偿债能力是远远不够的，应该将考察的范围扩大到企业全部的现金需求。而且，在不同的时间范围下，流动性大小的判断结果是不同的，例如，如果考虑一个月、半年和一年的时间范围，得到的流动性大小的结果会存在很大的差异，因此，流动性的判断应该立足于企业当前的资金需求，以此为基础来判断流动性大小更为合理。张俊瑞（1999）认为在分析流动性时需要先区分资产的流动性和企业的流动性，两者的内涵不同。其中，资产流动性仅指资产转换为现金的能力。而企业流动性则包含了企业全部资产的流动性，是对各单项资产的流动性加总之后得到的结果。毛付根（2000）提出可以从长期和短期两个角度来分别判断企业的流动性，这是因为，一方面，现金流动能够为企业带来良好的造血功能，现金流动好代表企业的生产经营活动中的现金流入和流出之间的时间差较小，现金流入量大于现金流出量，且速度上能够有机协调；另一方面，流动性的考量，也需要分析资产的结构与资本结构是否协调一致。李徐（2008）将流动性界定为资金流动的频率，即资金流动频率高，代表流动性好，反之，代表流动性差。刘红忠和傅家范（2017）认为增强资产的流动性，有助于缓解当前企业面临的融资难、高杠杆等困境。

总体而言，企业的流动性既能够反映企业的短期偿债能力，也能够反映企业资产的变现能力。政府引导基金的管理机构在进行投资时，会关注企业的流动性。关于流动性对企业的重要性，本书提到如下假设：

假设7-2：被投资企业的流动性与政府引导基金的投资选择呈正相关关系。

7.1.3　被投资企业股权集中度与投资选择偏好

对于公司的股份分散状态，可以选择用股权集中度衡量。在衡量的过程中，可将公司的股权状态分为股权较为集中和股权较为分散两类。企业需要保持适度的股权集中度，防止股权集中股过高从而危害企业绩效。相反，可以通过适当降低股权集中度的方法提高企业绩效。当企业的第一大股东持股比例过高时，企业在管理过程中可以制定相关政策以保护中小股东的利益，防止因为股权集中度过高而危害企业绩效。何斐然和周航（2021）发现公司的股权集中度直接关系到公司的运营效率。股权适当分散，有利于股东进行民主决策。但是，如果公司股权过于分散可能会导致股东们没有足够的动力参与经营决策以及监督，导致公司经营决策效率低下。相反，若公司的股权集中度较高，持股比例较高的股东与持股比例较低的股东之间可能会产生矛盾，持股比例较低股东的利益可能会受到损害。由于大股东持股比例高，在企业决策时影响力较强，因此，在决策过程中，可能会存在利用此影响力谋求自身利益，从而降低企业绩效，危害企业自身的价值的现象。由此可见，有学者研究发现公司可以通过适度的股权集中来提高企业绩效，但也有学者认为企业绩效不随着股权集中度的变化而变化。王欣（2018）发现企业管理者要想提高企业绩效可以通过适当地集中股权来实现。韩沚清和许多（2019）的研究显示第一大股东持股占比的提高对企业绩效的提升有正向影响。

合理的股权结构设置是企业公司治理的基础，也会对企业的绩效和创新具有显著的影响。但是这种影响究竟是积极的还是消极的，目前还没有定论。秦德智等（2019）认为企业的股权集中度能够在一定程度上提升企业的技术创新能力。而李小青等（2020）得出了相反的研究结论，他们认为提高企业的股权集中度，大股东的意志将更多地反映在企业的重大经营决策中，这将降低企业创新绩效，因此，降低股权集中度、提高股权制衡度，进而降低大股东的影响力，可以提升创新绩效。

本书认为，股权集中度越高，大股东越有动力来获得政府财政资金的支持，也更希望得到外部力量的加入来提升企业的经营业绩，因此更容易获得政府引导基金的投资。因此，本书提出如下假设：

假设 7-3：被投资企业的股权集中度与政府引导基金的投资选择呈正相关关系。

7.2 实证研究设计

7.2.1 样本与数据

本书选取 2015~2019 年新三板部分接受政府引导基金投资及未获得过政府引导基金投资的公司，并剔除数据不完整及数据异常的新三板上市公司。书中接受过政府引导基金投资和未被投资的中小企业财务数据及自身特征数据，分别来自清科私募通和数据库。经过筛选，将新三板公司获得过政府创业引导基金投资的公司170 家，未获得政府创业引导基金投资的公司 180 家公司作为有效的研究样本。

7.2.2 变量的定义

根据研究需要，选取的变量类型及定义如表 7-1 所示。

表 7-1 选取的变量类型及定义

变量类型	因素类型	英文符号	解释说明	预期符号
被解释变量	是否获得投资	Y_1	0 表示未获得投资，1 表示获得投资	
	政府引导基金的投资金额	Y_2	投资越多说明越偏好	
解释变量	资产的流动性	LOA	流动资产/总资产	+
	公司的盈利能力	ROE	净利润/平均净资产自然对数	+
		TTM	主营业务利润/主营业务收入	+
		PORIR	（本年主营业务收入-上年主营业务收入）/上年主营业务收入×100%	+
	股权集中度	OC	前十大股东持股比例的平方和	+

续表

变量类型	因素类型	英文符号	解释说明	预期符号
控制变量	公司规模	*INSIZE*	公司期末总资产的自然对数	+
	资本结构	*CS*	负债总额/资产总额	−
	年龄	*AGE*	企业成立至今的时间	−
	投资轮次	*TURN*	投资轮次	+
	投资股权	*STOCK*	投资股权	+

7.2.3 实证模型

为了研究获取政府引导基金投资的影响因素，建立如下回归模型：

（1）是否获得政府引导基金投资的影响因素。

$$Y_1 = \alpha + \beta_1 ROE + \beta_2 CS + \beta_3 AGE + \beta_4 INSIZE + \beta_5 TTM + \beta_6 LOA + \beta_7 PORIR + \beta_8 OC + \varepsilon$$

其中，Y_1 表示虚拟变量，0 表示未获得投资，1 表示获得投资，ROE 表示净资产收益率；CS 表示资产负债率；AGE 表示成立时间；$INSIZE$ 表示资产规模的自然对数；TTM 表示营业利润率；LOA 表示资产的流动性；$PORIR$ 表示主营业务收入增长率；OC 表示股权集中度。

（2）影响获得投资金额的因素。

$$Y_2 = \alpha + \beta_1 ROE + \beta_2 CS + \beta_3 AGE + \beta_4 INSIZE + \beta_5 TTM + \beta_6 LOA + \beta_7 PORIR +$$
$$\beta_8 OC + \beta_9 TURN + \beta_{10} STOCK + \varepsilon$$

其中，Y_2 表示政府引导基金的子基金投资的金额；ROE 表示净资产收益率；CS 表示资产负债率；AGE 表示成立时间；$INSIZE$ 表示资产规模的自然对数；TTM 表示营业利润率；LOA 表示资产的流动性；$PORIR$ 表示主营业务收入增长率；OC 表示股权集中度；$TURN$ 表示投资轮次；$STOCK$ 表示投资股权。

7.3 实证结果分析

7.3.1 描述性统计

（1）全样本描述性统计。全样本描述统计结果如表 7-2 所示，其中资产规模（对数形式）的均值为18.5434，最大值为23.1534，最小值为13.9142，中位数为18.7663，标准差为1.2341；股权集中度的均值为86.1922，最大值为99.8655，最小值为41.9113，中位数为91.5382，标准差为12.5945；净资产收益率的均值为5.6928，最大值为87.9868，最小值为-195.3183，中位数为8.9658，标准差为26.3558；资产负债率的均值为31.3865，最大值为98.7621，最小值为1.3183，中位数为30.1949，标准差为19.6424；流动资产比重的均值为72.8653；主营业务利润率的均值为0.0487；主营业务收入增长率的均值为0.4361；企业成立时间的均值为13.5612。

表7-2　全样本描述性统计结果

Stats	均值	最大值	最小值	中位数	标准差
INSIZE	18.5434	23.1534	13.9142	18.7663	1.2341
OC	86.1922	99.8655	41.9113	91.5382	12.5945
ROE	5.6928	87.9868	-195.3183	8.9658	26.3558
CS	31.3865	98.7621	1.3183	30.1949	19.6424
LOA	72.8653	99.8776	18.2917	79.0172	19.0167
TTM	0.0487	0.8535	-9.04382	0.0694	0.6668
PORIR	0.4361	15.6807	-0.9424	0.1749	0.4361
AGE	13.5612	27	6	14	4.4569

（2）接受过投资样本描述性统计。接受过投资的样本的描述统计如表7-3所示，其中资产规模（对数形式）的均值为19.1361，最大值为22.2924，最小值为16.5852，中位数为19.2088，标准差为1.2076；股权集中度的均值为90.1801，最大值为100，最小值为54.16，中位数为93.75，标准差为10.4023；净资产收益率的均值为11.3697，最大值为77.8386，最小值为-95.0686，中位数为13.4561，标准差为21.8362；资产负债率的均值为32.1245，最大值为87.8911，最小值为3.0919，中位数为30.4528，标准差为19.1769；流动资产比

重的均值为 72.8743；主营业务利润率的均值为 0.674；主营业务收入增长率的均值为 0.5684；企业成立时间的均值为 1.18；政府引导基金的投资股权比例均值为 5.3187。其余指标的具体数值可参见表 7-3。

表 7-3 获得投资样本描述性统计结果

Stats	均值	最大值	最小值	中位数	标准差
INSIZE	19.1361	22.2924	16.6852	19.2088	1.2076
OC	90.1801	100	54.16	93.75	10.4023
ROE	11.3697	77.8386	-95.0686	13.4561	21.8362
CS	32.1245	87.8911	3.0919	30.4528	19.1769
LOA	72.8743	99.6733	21.1942	77.4959	19.8947
TTM	0.0674	0.7198	-1.0501	0.1762	0.2569
PORIR	0.5684	7.73181	-0.4916	0.2916	1.1581
AGE	1.18	26	5	11	4.8584
STOCK	5.3187	30.31	0.03	3.974	5.1343
M	15.02598	300.19	0.1	10	22.1892

7.3.2 单变量分析

（1）是否接受过投资样本主要变量的相关性分析。是否接受过投资样本（全样本）主要变量的相关性分析结果如表 7-4 所示。

表 7-4 是否获得过投资样本（全样本）的相关系数

Stats	Y_1	AGE	ROE	CS	INSIZE	TTM	LOA	PORIR	OC
Y_1	1								
AGE	-0.055*	1							
ROE	0.194**	-0.003	1						
CS	-0.011	0.037	-0.132**	1					
INSIZE	0.276***	-0.059*	0.383**	0.191**	1				
TTM	0.164**	0.001	0.671***	-0.082*	0.411**	1			
LOA	-0.048*	-0.052*	-0.044*	-0.061*	-0.183**	0.002	1		

续表

Stats	Y_1	AGE	ROE	CS	INSIZE	TTM	LOA	PORIR	OC
PORIR	0.014*	0.038	−0.039	0.616**	0.154**	0.101**	0.065*	1	
OC	0.133***	0.029	0.032	0.537*	−0.387	−0.086*	0.081*	0.043	1

注：*表示在0.1水平（双侧）上显著相关，**表示在0.05水平（双侧）上显著相关，***表示在0.01水平（双侧）上显著相关。

表7-4中8个变量原始数据经过相关性分析后得出的结果，从中我们可以看出，在这8个解释变量中，净资产收益率、营业利润率与是否被政府引导基金投资在0.1水平上显著相关；成立时间、资产的流动性、主营业务收入增长率与是否被政府引导基金投资在0.05水平上显著相关；资产规模（对数形式）、股权集中度与是否被政府引导基金投资在0.01水平上显著相关；而资产负债率与是否被政府引导基金投资相关性不显著。

另外，从表7-4可以看出，绝大多数的系数小于0.5，说明存在多重共线性的概率很小，适合进行回归分析。

（2）获得过政府引导基金投资样本的相关性分析。已被政府引导基金投资的新三板企业样本中，各变量间的相关性分析结果如表7-5所示。

表7-5中10个变量原始数据经过相关性分析后得出的结果，从中我们可以看出，主营业务收入增长率与政府引导基金投资的金额在0.1水平上显著相关；资产规模（对数形式）、股权投资、投资轮次与政府引导基金投资的金额在0.05水平上显著相关；营业利润率、股权集中度与是否被政府引导基金投资在0.01水平上显著相关；而成立时间、净资产收益率、资产负债率及资产结构与政府引导基金的金额投资相关性不显著。

另外，从表7-5可以看出，全部系数均小于0.5，说明存在多重共线性的概率很小，适合进行回归分析。

7.3.3 多元回归分析

（1）是否获得投资样本的回归结果。由于被解释变量 y 为0~1的二值变量，因此选择使用Probit模型进行估计，估计结果如表7-6所示。

表7-5 投资金额样本的相关系数

Stats	Y₂	AGE	STOCK	TURN	OC	ROE	CS	INSIZE	TTM	LOA	PORIR
Y_2	1										
AGE	0.0015	1									
STOCK	0.1637**	-0.1038*	1								
TURN	0.1658**	0.1219***	-0.2106**	1							
OC	-0.1571***	-0.1418***	0.2765**	-0.3382**	1						
ROE	0.0157	0.0123	-0.1246	0.1256**	0.0416	1					
CS	0.0313	0.0735*	0.0516*	-0.0225	0.1382**	-0.0216	1				
INSIZE	0.2672**	0.3016**	-0.4148	0.3218**	-0.5207**	0.1722**	0.2684***	1			
TTM	0.0536***	0.0673*	-0.1739**	0.1638***	-0.1279**	0.8372**	-0.1482**	0.3662**	1		
LOA	-0.0527	-0.1418**	0.0613*	0.0418*	0.0317	0.0826	-0.1273**	-0.2438**	0.0142	1	
PORIR	-0.0872*	-0.0582*	-0.0219	-0.0725*	-0.0104	0.0518**	0.0241	0.0624*	0.0833	0.0218	1

注：*表示在0.1水平（双侧）上显著相关，**表示在0.05水平（双侧）上显著相关，***表示在0.01水平（双侧）上显著相关。

表7-6 政府引导基金是否投资影响因素多元回归结果

INFEE	Coef.	Std. Err.	t	P>t
AGE	−0.1104***	0.0215	−8.13	0.000
ROE	−0.0145	0.0067	−0.57	0.714
CS	−0.0104	0.0045	−1.99	0.410
INSIZE	0.5690***	0.0848	6.71	0.000
TTM	0.3538	0.2949	1.20	0.230
LOA	−0.0017	0.0037	−0.47	0.637
PORIR	−0.0052	0.0493	−0.11	0.915
OC	0.0389**	0.0071	5.45	0.041
_cons	−12.301***	2.0413	15.63	0.000
Number of obs	380			
LR chi2 (8)	145.53			
Prob>chi2	0			
Pseudo R2	0.2287			

注：***表示在1%水平上显著，**表示在5%水平上显著，*表示在10%水平上显著。

由表7-6的回归结果可知，整个模型的LR值为145.53，Prob>chi2=0，说明具有统计学意义。成立时间的系数为负，并且在0.01的水平上显著，说明成立时间越长，获得投资的概率越低；资产规模的系数为正，并且在0.01的水平上显著，说明资产规模越大，获得投资的概率越高；股权集中度的系数为正，并且在0.05的水平上显著，说明股权集中度越高，获得投资的概率越高，因此假设7-3得到验证，而其余变量未能通过显著性检验。

具体的实证结果分析如下：

第一，股权集中度越高，获得投资的概率越高。从理论上说，股权集中度越高，企业的业绩与治理效率越高，根据数据得知，实际上与理论上相符合。股权集中度越高，公司股权的稳定性越强，因为其对来自外部市场敌意并购等威胁的抵御力越强。股权不分散说明该企业未被其他投资者进行投资，往往比股权分散的企业更需要投资，因为政府引导基金会优先选择投资股权集中度高的。

第二，成立时间越长，获得投资的概率越低。一般来说，一方面，如果企业成立较长时间仍未有所起色，证明该企业或多或少在经营方面或者自身管理方面存在一定的问题，不利于投资者收回成本；另一方面，刚刚成立的公司更需要基金来维持公司的运营或者是开展新的业务，也会更有潜力和发展空间，所以刚成立的公司更符合被投资者的偏好。

第三，资产规模越大，获得投资的概率越高。与理论一致，资产规模大的中小企业拥有更多的固定及流动资产，比起资产规模小的企业，更有保障，政府引导基金更愿意投资。

而净资产收益率、资产负债率、资产的流动性、主营业务收入增长率、营业净利润率未能通过显著性检验，因此，这些因素对政府引导基金是否投资的影响较小。

（2）影响获得投资金额的因素回归结果。以获得投资的公司为子样本，分析影响获得投资金额大小的因素。继续选用上述模型中所有的解释变量，再加上投资轮次、投资阶段、投资股权等控制变量，而因变量为获得投资的金额。得到回归结果如表 7-7 所示。

表 7-7　政府引导基金的投资金额影响因素多元线性回归结果

INFEE	Coef.	Std. Err.	t	P>t
AGE	−0.4639	0.4128	−1.35	0.172
STOCK	1.9412***	0.4281	4.78	0.000
TURN	0.8743	0.7832	1.32	0.231
OC	−0.0943	0.1998	−0.54	0.737
ROE	−0.0014	0.1587	−0.18	1.022
CS	−0.1562	0.1198	−1.48	0.183
INSIZE	9.415***	1.9165	4.65	0.000
TTM	−4.0178	12.346	−0.41	0.874

续表

INFEE	Coef.	Std. Err.	t	P>t
LOA	0. 0078	0. 0936	0. 17	0. 994
PORIR	2. 3179 *	1. 5119	1. 88	0. 065
_cons	−129. 72 ***	37. 619	−3. 44	0. 001
Number of obs	170. 0100			
Prob>F	0. 0000			
Adj R-squared	0. 1975			
Root MSE	24. 756			

注：***表示在1%水平上显著，**表示在5%水平上显著，*表示在10%水平上显著。

由表7-7的回归结果可知，经过筛选，共有4个自变量对因变量产生了显著影响，投资股权的系数为正，并且在0.01的水平上显著，说明投资股权越高，获得投资的金额越大；资产规模（对数形式）的系数为正，并且在0.01的水平上显著，说明资产规模越大，获得投资的金额越大；营业利润率的系数为正，并且在0.01的水平上显著，说明营业利润率越高，获得投资的概率越高；主营业务收入增长率的系数为正，并且在0.1的水平上显著，说明主营业务收入增长率越大，获得投资的金额越大。而其余变量未能通过显著性检验。

以下是根据数据结果进行的分析：

第一，营业利润率越高与获得投资的金额正相关。营业净利率反映了企业销售的获利能力，而中小企业获利能力越高，投资者收回的本金和给其带来的利润就越高，因此，投资者会选择给营业利润率高的企业更多投资金额。

第二，投资股权与获得投资的金额正相关，说明此因素也是影响公司获得投资的显著因素。股权投资越高，表明企业经营成果较好，一旦其经营不好，可以通过卖掉用于投资的股权，来保障投资者的利益。

第三，资产规模与获得投资的金额正相关。说明资产的规模越大，获得政府引导基金投资的金额越高，目前而言，创业投资引导基金在投资时更倾向于投资于规模较大的企业。

第四，主营业务收入增长率与获得投资的金额正相关。说明政府引导基金在进行投资时更加关注企业的主营业务收入增长率。

而投资轮次、成立时间、股权集中度、净资产收益率、资产负债率、资产的流动性未能通过显著性检验，因此，这些因素对政府引导基金投资金额大小的影响较小。

7.4 研究结论

2014 年 9 月的夏季达沃斯论坛上，时任总理李克强提出"大众创业，万众创新"的口号，掀起了创业的热潮。2017～2022 年中国企业经营项目行业市场深度调研及投资战略研究分析报告表明，目前我国中小企业有约 4000 万家，约占企业总数的 99%，贡献了我国大部分的 GDP、税收和城镇就业，是我国国民经济的重要组成部分。但中小企业也面临着许多问题，如规模小、市场竞争力差、分析能力弱等，其中最严峻的问题是融资难，中小企业的资金得不到保证。然而政府引导基金不仅能为中小企业带来资金支持，更可以给予一定的技术支持和服务。我国借鉴国外较为成功的以色列 YOZMA 基金、澳大利亚 IIF 基金、美国 SBIC 计划，创立了我国政府引导基金。近几年，我国各地方政府设立政府引导基金是普遍措施。在这种背景下，政府引导基金可以帮助中小企业解决资金问题，有利其发展，但政府在选择被投资的中小企业时，会有所偏好，而前人对政府投资引导基金的选择偏好的研究较少，因此本书利用被投资以及未被投资的在新三板上市中小企业的财务特征、公司治理特征、企业自身特点为研究对象，希望能得到适应当下政府引导基金投资现状的研究结论，能够对政府投资引导基金的相关决策提供借鉴与指导，有助于其未来的健康发展。

目前，随着我国政府引导基金不断发展，我国政府引导基金为众多中小企业的发展提供了资金支持和发展契机，因此，政府引导基金被越来越多的中小企业创立者与中小企业投资者关注和重视。然而，在政府投资引导基金的选择偏好方面，由于前人研究较少，仍处于不为企业创立者、风险投资者与大众熟知的阶段，许多问题与规定亟须解决和完善。因此，本章通过 Wind 数据库和私募通数

据库中选取的 2015~2019 年新三板公司获得政府创业引导基金投资的公司（170
个样本）和未获得政府创业引导基金投资的公司（180 个样本）作为研究对象，
从被投资的中小企业的财务特征、治理特征、企业自身特点出发，研究政府引导
基金的选择偏好。

本章对于影响政府引导基金是否投资的因素，设置了净资产收益率、资产负
债率、企业成立时间、资产规模、营业利润率、资产的流动性、主营业务收入增
长率、股权集中度八个变量；对于影响政府引导基金投资金额的因素，设置了净
资产收益率、资产负债率、成立时间、资产规模、营业利润率、资产的流动性、
营业务收入增长率、股权集中度、投资轮次、投资股权等十二个变量。通过数据
分析，得出以下结论：企业成立时间越短，资产规模越大，股权集中度越高，获
得投资的概率越高；投资股权越高，资产规模越大，营业利润率越高，获得投资
的金额越高。而其余变量未能通过显著性检验。

8 政府引导基金的投资时机选择

政府引导基金能够在一定程度上推动政府投资效率和推动企业产业升级。然
而政府引导基金进入企业的时机不同影响其作用的发挥，合适的时机能使政府引
导基金发挥更大的作用，而不正确的时机往往导致投资回报不高，对企业的作用
不大，甚至有投资失败的风险。本章实证检验了影响政府创业投资引导基金的投
资时机选择的因素，对下文政创业投资引导基金投资的融资效应和融智效果研究
起到承上启下的作用。

8.1 理论分析与研究假设

近些年我国的创业投资行业也进入了一个繁荣发展的阶段，开拓了一条解决
早期创业企业融资问题的全新道路。但市场上进入创业投资领域的资金毕竟有

限，创业投资通常投资的是具有商业模式成熟和发展前景广阔、管理团队完善且能快速成长的创业企业，其投资最终目的是获得超额回报，这毕竟是一种市场化的投资行为。因此，如果完全依靠市场调节，用创业投资解决早期创业企业的融资问题，就会发生了"市场失灵"现象，这就需要政府做出一系列举措来解决这一问题。

8.1.1 被投资企业的创新能力与时机选择

由于初创期中小企业比成熟的大企业所面临的资源更有限，受到资源约束更大，初创期中小企业谋求生存发展通常依靠冒险和创新，在低投入前提条件下，在高不确定性领域里期望获得相对高收益。所以产品、技术以及商业模式的创新通常发生于初创期中小企业，而不是成熟的大企业，因为大企业通常不依赖这样的高风险活动来谋求发展。

在初创期，企业面临技术投入少、拥有的专利数量较少、创新能力较低、技术市场具有较大的不确定性等困境。进入发展初期，因为有着明确的发展方向，企业的创新能力不断增强，企业专利数量不断增加，技术和产品逐渐成熟，但是创新绩效还没有达到一定的规模。在企业经营中后期，企业更多地关注增强盈利能力和盈利水平，企业的专利数缓慢增长。因此，政府引导基金的投资选择在企业盈利水平较高时期进入企业，将承担较小的经营风险，并能获得更大的收益。

假设8-1：被投资企业的创新能力与引导基金进入企业的时机呈正相关关系。

8.1.2 被投资企业的市场竞争力与时机选择

Vorhies 和 Morgan（2003）提出市场竞争力，指的是包括提高市场优势、市场份额、市场地位和盈利能力等优化各种资源配置、超越竞争对手、实现市场目标的能力。市场竞争力是企业生存和发展的根本和核心，也关乎企业的融资选择。由于中小企业自身拥有的资源有限，市场发展的前景很难进行合理估计，融资的可行性很大程度上会受到外部投资者与创业者信息不对称的影响。因此，投资者在对中小企业进行投资时会非常关注中小企业的市场竞争力水平，以此作为投资与否的重要参考信息。

随着企业的发展，投资风险会逐渐降低，收益会逐渐提高，因此企业的市场竞争力会随着企业的发展逐渐增加，企业发展初期难以获得市场竞争力，而企业发展壮大以后市场竞争力不断增强。因此，政府引导基金会选择在企业经营一段时间，并具有一定的市场竞争力时进入企业。

假设 8-2：被投资企业的市场竞争力与政府引导基金进入企业的时机呈正相关关系。

8.1.3 引导基金投资股权比例与时机选择

对于风险投资而言，在企业经营初期，由于企业创立者的资金较少，需要外部投资较多，因此风险投资所占的股权比例相对来说比较大，随着企业的一步步壮大、盈利以及再投资，企业进入运营的正轨，这个时候企业的所有者并不希望股权过度分散，在筹集资金时可能更多地采用债券融资，因此风险投资所占的股权比例与初期相比较低。

政府引导基金被称为基金中的基金，被寄予弥补创业投资基金投资倾向性的希望，具有其自身的特殊性，虽然政府引导基金通过鼓励创业投资企业投资于种子期、起步期等创业早期的企业，但是本书认为，根据风险投资理论，创业初期的企业风险较大，随着企业的一步步成长发展，主要风险会随之降低，虽然引导基金设立初衷是解决创业企业的早期资金需求问题，但是由于引导基金往往采用市场化的运行方式，国有资本的保值增值压力对于基金的管理者而言非常大，出于规避风险的思考，引导基金的管理者更愿意在创业企业发展一段时期后投资金额较多，而初创期投资金额较少。

假设 8-3：投资所占股权比例与引导基金进入企业的时机与呈正相关关系。

8.2 实证研究设计

8.2.1 样本与数据

本书研究数据中的政府引导基金进入企业的时机、被投资企业所处的产业、被投资企业所在地区、政府引导基金投资所占股权比例主要来自清科集团私募通数据库，企业创新数据来自国家知识产权局专利数据库，企业的财务信息来自万得（Wind 金融咨询终端）数据库。

本书选取的样本为 2015～2019 年政府引导基金参与投资的新三板公司数据，并对选出的数据进行了合理筛选，经过筛选共得到 153 个有效数据。筛选标准如下：

（1）剔除所处产业不明确的公司，这类公司所处的产业无法判断，因此剔除。

（2）剔除投资阶段没有明确标识的数据。

（3）剔除因变量数据不完整的公司。

8.2.2 变量的定义

根据本书研究的需要，所定义的被解释变量、解释变量、控制变量、分组变量影响因素变量如表 8-1 所示。

表 8-1 选取变量的类型及定义

变量类型	因素类型	代理变量	英文符号	解释说明
被解释变量	政府引导基金进入企业的时机	时机	$TIME$	结合现有数据，根据企业的生命周期分类，初创期=1，扩张期=2，成熟期=3
解释变量	被投资企业的创新能力	专利数量	$PATENT$	专利的数量
	被投资企业的市场竞争力	市场竞争力	$POWER$	营业利润/营业收入
	政府引导基金的投资股权比例	股权比例	$EQUITY$	投资股权所占比例
控制变量	被投资企业成立时间长度	企业年龄	AGE	企业年龄
	被投资企业的注册资本	注册资本	$CAPITAL$	注册资本的金额
	被投资企业的规模	资产规模	$ASSET$	总资产的自然对数
	被投资企业的资本结构	资本结构	LIA	负债/总资产
	被投资企业的成长性	成长性	REV	营业收入增长率
分组变量	被投资企业所处产业类型	产业类型	$INDU$	第一、第二产业取 0，第三、第四产业取 1

8.2.3 实证模型

本书构建的 Ologit 模型如下：

$$TIME = \alpha_0 + \alpha_1 PATENT + \alpha_2 POWER + \alpha_3 EQUITY + + \alpha_4 AGE + \alpha_5 CAPITAL +$$
$$\alpha_6 ASSET + \alpha_7 LIA + \alpha_8 REV + \varepsilon$$

8.3 实证结果分析

8.3.1 描述性统计

对模型中主要变量描述性统计的结果如表 8-2 所示。通过分析可知，样本的投资时机选择（$TIME$）均值是 2.562，说明政府引导基金投资主要在成长期和成熟期；专利数量（$PATENT$）的均值为 31.565；市场竞争力（$PATENT$）的均值为 29.565；投资股权比例（$EQUITY$）的均值为 5.378，说明引导基金投资的权益比例超过了 5%；企业年龄（AGE）的均值为 10.29，说明样本中新三板公司的平均成立时间超过了 10 年；被投资企业注册资本（$CAPITAL$）的均值为 9800，资产规模平均为 31000 万元，资产负债率的均值为 31.4%；营业收入增长率均值为 26.8，被投资企业所处产业类型（$INDU$）的均值为 0.609，说明有 60.9 的样本公司属于第三第四产业。

表 8-2 主要变量的描述性统计

variable	mean	sd	min	max	p25	p50	p75
$TIME$	2.562	0.613	1	3	2	2	3
$PATENT$	29.565	87.514	0	1000	0	9	41
$POWER$	0.0261	0.317	-0.849	0.517	-0.019	0.113	0.182
$EQUITY$	5.378	5.156	0.209	19.01	1.419	4.2	8.104
AGE	10.29	4.719	4	18	6	10	13
$CAPITAL$	9800	6100	819.2	42000	2900	6100	11000
$ASSET$	31000	73000	851.4	720000	5000	18000	46000
LIA	0.314	0.184	0.0364	0.741	0.184	0.280	0.435
REV	0.268	0.314	-0.591	0.824	0.079	0.291	0.489
$INDU$	0.609	0.512	0	1	0	1	1

8.3.2 单变量分析

本书中主要变量 Pearson 相关系数如表 8-3 所示，可以看出各变量之间的相关性。各变量之间的相关系数均小于 0.5，表明各变量之间呈较弱的相关关系，不存在多重共线性。

表 8-3 主要变量 Pearson 相关性系数

variable	TIME	PATENT	POWER	EQUITY	AGE	CAPITAL	ASSET	LIA	REV
TIME	1								
PATENT	0.153**	1							
POWER	0.231***	0.104	1						
EQUITY	−0.139**	−0.102	−0.103	1					
AGE	0.492***	0.063	0.183**	−0.121	1				
CAPITAL	0.129*	−0.072	0.322***	0.328***	0.087	1			
ASSET	0.228***	−0.017	0.072	0.289***	0.167**	0.468***	1		
LIA	0.153	0.026	−0.083	0.065	0.061	0.046	0.174***	1	
REV	0.134*	−0.019	−0.041	0.023	0.186***	0.045	0.087	0.012	1

注：***表示在1%水平上显著，**表示在5%水平上显著，*表示在10%水平上显著。

8.3.3 全样本多元回归分析

政府引导基金进入企业时机选择影响因素的Ologit模型多元回归结果如表8-4所示。其中第一列是仅包含控制变量回归结果，第二列是仅包含解释变量的回归结果，第三列是包含解释变量和控制变量的回归结果。

表 8-4 政府引导基金进入企业时机选择影响因素的多元回归结果

variable	M1	M2	M3
PATENT		0.0052	0.0065***
		(1.344)	(3.67)
POWER		1.6974***	1.4012*
		(3.82)	(1.89)

续表

variable	M1	M2	M3
EQUITY		0.0010	0.0463
		(0.03)	(0.62)
AGE	0.7639***		0.8145***
	(5.77)		(5.31)
CAPITAL	0.0000		0.0000
	(1.41)		(0.94)
ASSET	0.0001		0.0000
	(0.65)		(0.15)
LIA	−1.1753		−0.6587
	(−1.32)		(−0.71)
REV	1.1256**		1.1762**
	(2.01)		(2.13)
N	153	153	153
Pseudo R2	0.5393	0.0692	0.5957
p	0.0000	0.0000	0.0000

注：***表示在1%水平上显著，**表示在5%水平上显著，*表示在10%水平上显著。

从统计结果可以看出：

被投资企业的创新能力（PATNET）与创业投资引导基金进入企业的时机（TIME）的回归系数为0.0065，在1%水平上显著为正，因此假设8-1成立。企业在初创期创新能力较弱，随着企业的不断发展，企业的创新能力增强，企业逐渐获得创新绩效，创业投资引导基金往往选择在成长期和成熟期进入，这样能够在短时间内得到企业创新成果的回报。

被投资企业的市场竞争能力（POWER）与创业投资引导基金进入企业的时机（TIME）的回归系数为1.4012，在10%水平上显著为正，因此假设8-2成立。即企业的市场竞争能力越强，政府引导基金进入企业的时机越晚，这样可以降低投资风险，能够在短期内获得投资收益。

引导基金投资所占股权比例（*EQUITY*）与进入企业的时机（*TIME*）的回归系数为 0.0463，但是并不显著，因此假设 8-3 不成立，即创业投资引导基金进入企业的时机与投资所占股权比例之间的正相关关系未通过实证检验。

控制变量方面：

被投资企业的年龄（*AGE*）与创业投资引导基金进入企业的时机（*TIME*）的回归系数为 0.8145，在 1% 的水平上显著。创业投资引导基金进入企业的时机越晚，越会选择经营时间长的企业进行投资。

被投资企业的注册资本（*CAPITAL*）与创业投资引导基金进入企业的时机（*TIME*）的回归系数为 0.0000，不显著。政府引导基金进入企业的时机与企业的注册资本大小没有显著的关系。

被投资企业的规模（*ASSET*）与创业投资引导基金进入企业的时机（*TIME*）的回归系数为 0.0000，但是并不显著。创业投资引导基金进入企业的时机与被投资企业的规模不存在显著的关系。

被投资企业的资本结构（*LIA*）与政府引导基金进入企业的时机（*TIME*）的回归系数为 -0.6587，不显著。说明政府引导基金进入企业的时机，与企业的资本结构并无显著的关系。

被投资企业的成长性（*REV*）与政府引导基金进入企业的时机（*TIME*）的回归系数为 1.1762，在 5% 水平上显著，说明对于成长性越好的企业，创业投资引导基金进入投资的时间越晚，以获得稳定的高回报。

8.3.4 第一、第二产业样本多元回归分析

在我国共包含四大产业：第一产业，农、林、牧、渔业；第二产业，采矿业，制造业，电力、燃气及水的生产和供应业，建筑业；第三产业，服务业；第四产业，信息产业。由于农业和工业在国民经济中处于基础性地位，而服务业和信息产业的性质在一定程度上更类似，因此，在本书中对样本公司进行了分类，将第一、第二产业的企业划分为一类，将第三、第四产业的企业划分为一类，并进行分组实证检验，其中，第一、第二产业子样本的回归结果如表 8-5 所示。

表8-5　政府引导基金进入第一、二产业企业时机影响因素多元回归结果

variable	M1	M2	M3
PATENT		0.0007	−0.0052*
		(0.20)	(−1.95)
POWER		0.1227	−5.0786
		(0.08)	(−1.35)
EQUITY		−0.0265	−0.0854
		(−0.48)	(−0.52)
AGE	0.9370***		1.2103**
	(2.92)		(2.41)
CAPITAL	−0.0000		−0.0000
	(−0.01)		(−0.55)
ASSET	0.0000		0.0000
	(0.64)		(0.12)
LIA	−0.3341		2.5877
	(−0.15)		(0.57)
REV	2.1221**		4.0636**
	(2.08)		(2.30)
N	60	60	60
Pseudo R2	0.5938	0.641	0.6731
P	0.6175	0.5172	0.6687

注：＊＊＊表示在1%水平上显著，＊＊表示在5%水平上显著，＊表示在10%水平上显著。

通过分析发现，创业投资引导基金进入企业的时机选择与企业创新能力呈负相关关系，并在10%的水平上显著，这与全样本检验的结果相反，主要是因为与处于第三、第四产业的企业相比，处于第一、第二产业企业的经营风险相对较低，其创新能力转化为创新绩效的可能性较大，政府引导基金会选择投资早期的第一、第二产业的企业。市场竞争力（POWER）变量的系数不显著，其他变量的显著性与全样本较一致。

8.3.5　第三四产业样本多元回归分析

第三第四产业子样本的回归结果如表8-6所示，通过分析我们发现，第三、第四产业子样本的回归系数与全样本一致。

表8-6 政府引导基金进入第三、第四产业企业时机影响因素多元回归结果

variable	M1	M2	M3
PATENT		0.0078	0.0099***
		(1.32)	(3.19)
POWER		2.0152***	1.8933**
		(3.61)	(2.42)
EQUITY		−0.0064	0.1242
		(−0.23)	(1.21)
AGE	0.6875***		0.7854***
	(4.56)		(4.43)
CAPITAL	0.0001		0.0001
	(1.12)		(0.91)
ASSET	0.0000		−0.0000
	(0.66)		(−0.10)
LIA	−2.4622*		−2.0185
	(−1.87)		(−1.46)
REV	0.6729		0.7517
	(0.98)		(0.88)
N	93	93	93
Pseudo R2	0.5296	0.1239	0.5934
p	0.0000	0.0002	0.0000

注：***表示在1%水平上显著，**表示在5%水平上显著，*表示在10%水平上显著。

8.4 研究结论

在企业生命周期中，资金是限制早期创业企业成长、发展的最关键因素，创业投资可以解决小企业很难从信贷市场获得资金支持的困境。近些年，我国的创业投资行业也进入了一个繁荣发展的阶段，一条解决早期创业企业融资问题的全新道路也被开拓出来。但市场上进入创业投资领域的资金毕竟有限，创

业投资通常投资的是具有商业模式成熟和发展前景广阔、管理团队完善且能快速成长的创业企业，其投资最终目的是获得超额回报，这毕竟是一种市场化的投资行为。因此，如果完全依靠市场调节，用创业投资解决早期创业企业的融资问题，就会发生"市场失灵"现象，这就需要政府做出一系列举措来解决这一问题。

从本质上讲，政府引导基金是一个在借鉴创业投资基金经验的基础上提出的一个具有中国特色的概念。但是由于创业投资引导基金运行时间较短，行政化的管理方式不能有效的与市场化的运营策略融合在一起，导致政府引导基金管理执行的和政策制定出现很多问题，其中一个很重要的问题就是创业投资引导基金进入企业的时机，通过数据分析我们发现，政府引导基金参与的投资中，仅5%的投资选择在初创期进入企业，绝大多数投资选择在扩张期和成熟期进入。由此可见，创业投资引导基金目前对企业的投资并没有从根本上解决企业发展早期的资金困境。究竟什么因素影响政府引导基金投资的时期选择呢？这正是本章所研究的内容，希望通过本章的研究能够为后续优化政府引导基金的资源配置提供理论参考，为政府引导基金的政策完善和管理优化提供思路和方法。

本章选取2015~2019年新三板获得过政府引导基金投资的公司作为研究样本，围绕着我国创业投资引导基金进入企业时机的影响因素来讨论，在系统梳理引导基金的理论和研究成果基础上，收集创业投资引导基金投资的数据，利用Ologit模型对创业投资引导基金进入企业时机的影响因素进行实证检验，最终根据实证分析结果提出了政策建议。本书研究发现：①被投资企业的创新能力与创业投资引导基金进入企业的时机呈正相关关系，即创业投资引导基金更愿意将在成长期和成熟期投资创新能力高的企业；②被投资企业的市场竞争力与创业投资引导基金进入企业的时机正相关，即市场竞争力越好的企业，创业投资引导基金越将在企业经营的成长期和成熟期进入，以获取更高的收益；③政府引导基金投资所占股权比例与进入企业的时机的关系不显著。

9　网络关系对政府引导基金投资的影响

政府引导基金自"问世"以来受到了国家的大力推广，也受到了众多创业者的关注，政府引导基金通过促进一般创业投资公司投资于中小企业创业发展的早期阶段，有效克服了一般创业投资基金投资于中小企业发展的增长期、成熟期的弊端，同时政府引导基金作为政策性投资基金，也经常充当引导者的角色来引导社会资本投资到产业升级和社会转型的重点产业和行业中去，以此大力支持初创企业度过发展中的瓶颈时期，而影响政府政策导向基金的持股比例的原因也是很多的，其中，企业的社会网络关系是不可或缺的一个因素。本章通过对 300 多家科技型中小企业问卷调查得出的实际数据，实证研究企业社会网络和政府引导基金持股之间的关系，该研究有助于更加全面地评价政府引导基金的实施效果，体现企业网络关系对政府引导基金持股的影响，为不同的企业如何获得政府引导基金投资对企业更有利的问题提出建议。

9.1　理论基础

9.1.1　社会网络理论

社会网络是建立在人与人之间关系基础上的思维模式，它在人们交往活动中发挥着重要作用，并影响和制约着人类行为。从一定意义上说，社会网络就是社会关系，对社会网络的研究属于人类的社会交往关系研究的范畴，该研究对人类社会的方方面面产生影响，因此，对社会网络的研究就显得尤为重要。在组织中，个人与组织、群体之间的联系，根据组织结构和环境的界限，构成了一种"个人与组织""个人与群体"的关系。每个人都有自己的组织，都会被自己的原则所约束，当所有人都同意这个组织的时候，他们的性格也就暴露了。人们可以从组织中获取到更多的资源。科尔曼认为，社会资本可以由社会关系网络所提供的条件来构建，而人的理性选择则是构建社会资本的一个重要手段。社会网络理论认为，企业不仅可以在长期的积累中建立自己的资源，而且可以将自己的资源和优势融入到社会网络中，从而实现资源的共享。企业通过将现有的内部资源嵌入到社会网络中，以获取更多的宝贵资源和核心竞争力。

9.1.2 网络关系嵌入理论

网络关系的内涵是指企业与企业之间的信任、相互开展的行为、分享的数量和对彼此的满意程度。更高层次的内嵌关系意味着更多的互动，更多的信任，更多的资源共享，更高的满意度。格兰诺维特认为，在社会网络中，个人的经济活动是一种"内嵌"的概念，只有在特定的社会关系中，才能表现出社会网络。在网络的某些特定地点，人们的行动受到某种信息资源的限制，而人们在社会网络中的地位又决定了他们的行为特征。

社会网络关系嵌入是创业者所在的社会网络的一部分。与内部和外部相连的特殊性质展示了创业者在管理企业内部发生的活动时如何与人互动。它包含了很多方面：如何规范与其他利益相关的外面市场环境，创业能力本身反映出创业者确定未来市场的潜在机会，如何获得和整合对他们来说重要的其他资源，如何解决在经营过程中出现的一系列问题，以及如何利用精确的投资策略在竞争激烈的市场中实现更好和更大的盈利。从某种意义上说，社会性网络关系的嵌入可以划分为内外关系的嵌入，认真分析社会网络关系对企业经营能力和经营业绩的影响，并提出更好的网络构建建议，能够有效促进大众创业和创新。

9.1.3 信息不对称理论

在不完全市场情况下，交易双方的关注点都集中在标识对象上，因此，他们对对方的认知和理解都很有限，谁也不可能全面地掌握得到标识对象的所有信息来源。在此种情况下，如果一方想获得更多信息，就必须付出更高的代价。两个人的信息不平等，所以占据了更多的信息的一方，在每个方面都有优势。当一个人有足够的专有信息时，他能够通过对自己私有信息的掌握和使用，来决定是否愿意购买或者拒绝别人的产品或服务，从而达到自身利益最大化。通过这种方式，占优的一方可以利用其专有的信息资源获取更多利润，这就是信息不对称。

在当今的社会中，信息不对称是很常见的，而且不能彻底根除。因为环境、地位、资本、能力、人员等因素的限制，他们之间的信息不对称，导致了他们之间的效率差距。类似地，在企业与供应商之间、企业与客户之间、生产商和经销商之间都存在这种信息不对称关系。拥有信息优势的一方，可以利用自己所掌握的大量信息来制定正确决策；而处于消息劣势的一方，却很难在纷繁复杂的社会中找到准确及时的有关情况。掌握信息优势的机构拥有可靠的信息和准确的来源，而消息来源较少的机构由于各种原因可能无法获得更多信息，可能是获得了错误的消息，也有可能是获得的时间比较晚，这些因素将造成不同的结果。在资本市场上，卖方是真正的资源持有者，真正掌握资源的价值，而买主则是靠自己的观察。在市场经济条件下，信息不对称导致了资源分配的不完全，单靠市场自身是解决不了这个问题的。由于信息不对称，造成了买家对卖家的主观判断，而卖家所提供的信息不能传达出正确的市场信息，则会造成交易机制的失败，从而加剧市场的非正常运作。在非对称信息存在的情况下，当投资者不能充分了解其在非对称信息下的行为时，不管采用何种方法，都不可能对其进行充分的监督。对于买家来说，获得更多关于公司的信息，或者加强对卖家的监督，都是非常重要的。随着买家的要求越来越高，交易费用也越来越高。然而，卖家却无法以超过其期望的价格购买此类信息，因而信息不对称的状况将继续存在。

9.2 理论分析与研究假设

Bai Wensong 等（2021）对企业与社会网络在有效国际化过程中的角色，以及不同的机制对高效国际化的作用进行了研究。有学者将两种网络在企业国际化进程中所产生的影响因素都纳入其中，其中包括采用效应化非预见性策略的整体原理和对可承受损失进行分析的优先准则。他们对中国、巴西、波兰等国家的中小型企业进行了实证研究。研究结果显示，在企业经营网络中，知识的流动对非意愿战略和可承担损失的影响有很大的影响；Daniel J. Brass 等（2004）的核心观点是，参与者被嵌在一个互相联系的社会网络中，这给了他们行动的机遇，也给他们带来了约束。他们对人际、单位和机构间的分析层次网络进行了研究，并对最新的理论和实践趋势进行了评价，指出了对跨层级网络现象进行调查的重要意义。

企业是一个重要的社会组织，在一定程度上，它与其他社会团体有密切的联系。对企业网络关系的研究。任胜钢（2010）以中国企业网络关系为例，利用中国企业的调研资料和结构方程式，本书从网络愿景、网络建设、关系管理、关系整合四个角度进行了实证分析，结果显示：网络关系的中介功能能够显著地改善公司的创新绩效，同时网络关系的连接强度也起到了中介的作用。刘学元（2016）则给出了另一种研究模型，即根据网络关联强度、企业吸附能力与公司创新绩效之间的相互关联。以问卷调查形式获取样本数据，并通过结构方程模型检验了企业网络关联强度和企业吸附能力两个因素对公司创新绩效作用的路径机制，及其对各变量之间作用的影响，最后给出了相应策略方案。研究成果表明，公司的技术创新网络关系的能力和公司的吸收能力之间存在明显的正相关，但公司吸收能力对公司创新绩效的中介作用并不完全。吴浩强和刘树林（2018）深入研究了公司性质、行业分类和地域划分等对企业创新绩效的作用，研究成果显示，公司技术创新网络的能力对民营企业、中国工业及华东和华北地区公司的技术创新业绩虽没有直接的作用，但也能够借助公司的吸收能力来间接的影响。王建平（2020）采用因子分析，多元线性回归分析等方法，本书以228家中国制造业公司为例，对其进行了实证研究。知识的冗余宽度对以上研究结果产生重要的正向调节作用；同时，知识的冗余度在调整网络关系的异质性和探索性创新之间发挥着积极影响，但是，它对稳定的网络关系和探索性的创新可能带来负面影响的作用。王玲等（2021）深入挖掘创业生态系统中创业企业网络关系特征的内容和维度，采用标准的开发方法，制作了一套初步的创业关系量表，采用探索性因素分析、验证因素分析、信效性测试等方法。结果显示，新公司在创业生态环境下的网络关系呈现出异质性、多重性、多变性等特点，其结果是稳定可靠的，为以后的研究及相关的计量方法提供了理论依据。

Sojin Lim 和 Yeonbae Kim（2015）就如何设计政府风险投资基金，探讨了政府管理、赞助风险资本与私营风险投资在韩国风险投资的不同发展阶段对新科技公司的整体风险投资的影响，并就如何设计一个高效的政府风险投资方案进行了探讨。本书通过对 1995~2005 年的 463 个投资基金的研究，发现上述因素对投资非关税壁垒的投资有正面作用。这些因素包括：集中在特定行业中的资金专门化，以及对私营企业和政府创业资本的风投公司的绩效影响。

杨敏利等（2014）根据 2000~2011 年的省级创业投资基金融资数据，采用联立方程，对政府引导的基金在创业投资领域的作用开展了一项实证研究。结果显示，各地政府引导基金的导向问题在全国各地均有差异；而在全国范围内，政府引导基金在促进区域经济增长方面发挥出明显优势。但是，各省份之间也有一定差异。最终得出的结论是，各省份政府引导基金的导向效果是不一样的：建立政府引导基金会挤压创业投资发达地区的社会资本；对于欠发达地区，建立政府引导基金可以起到引导社会资本的作用。施国平等（2016）运用双重差分模式，对政府引导基金和非政府引导基金的投资进行了实证分析，发现政府引导基金政策只引导部分风险投资机构。王晗等（2018）利用私募投资基金的数据构建了一个复合样本，本书运用负二项模型实证研究了政府主导的创业投资基金对公司创新行为的影响，并认为在促进企业创新活动上，政府主导的风险投资基金与私营企业投资基金之间并无显著差异。董建卫等（2018）利用私募基金资料库收集资料，并运用负二项分布模式构建了匹配样本，研究结果表明，在不同的补偿方式下，与私营创投相比，由于政府主导的创业投资对公司创新的作用是不同的。在政府引导基金管理的风险投资基金中，如果风险资本基金由信誉较低的风险基金管理人经营或由高科技公司投资，则损失补偿更为重要。

由上述对企业网络关系和政府引导基金关系的研究，我们发现企业是社会的重要组成部分，在一定程度上，它与社会中的其他团体有着密切的联系。网络结构的外在中介效应显著地提高了企业的创新能力，网络联系强度和网络位置两者均会影响创新绩效。创新网络关系的实力和公司的吸纳能力将对公司的创新绩效产生积极正向的影响。另外，企业的吸纳能力对企业的网络关系的实力和创新业绩具有不完全的中介效应。对企业的企业性质、行业类型、区域分布等变量进行

政府创业投资引导基金：政策、行为、绩效、机制

实证分析得出研究结论，为企业如何利用其网络关系来获取竞争优势提供了新的启示。提出了本书存在的不足之处，并对今后有待于进一步研究的问题进行了展望。同时，这项研究也表明，私营企业与传统制造业企业创新网络关系的实力不直接影响创新绩效，但是却会通过企业的吸纳能力而间接地影响到企业的创新绩效。本书还发现，在新的创业环境中，新型创业公司的网络关系呈现出异质性、多重性、可变性等特征。该量表是一种相比之下更加稳定、可靠的量表，这对今后的工作以及有关检测方法的应用具有一定的指导意义。

国外学者对于政府引导基金的研究尤其少见。国内部分学者认为，政府管理、风险资本、私募基金等因素对非关税壁垒的风险投资具有正面的作用。同时，重点关注特定行业的资金专营，以弥补私营企业和政府创业资本的风险资本家的绩效。同时，本研究还发现，各区域政府引导基金的导向效果有明显差异。在发展良好的创业投资领域，建立政府引导基金可使社会资金向外流出；但是，在创业投资发展较为缓慢的领域，建立国家主导型基金，可以起到引导社会资本的作用。采取不同形式的补偿方式，政府引导的创业投资基金和私募创业投资基金对企业创新的影响是不同的，如果政府引导的创业基金由信誉较差的创业公司管理或投资于高科技公司，这种损失补偿可以更好地促进企业创新。

企业作为社会环境中的一员，不可避免地要与企业以外的社会群体，包括客户、投资人、供应商、政府等进行经济交往，要建立和保持良好的公共关系，就必须加强与社会群体的交流与沟通，建立良好的社会关系，社会网络因此而形成，按照企业与各主体的联系频率可以将社会网络划分成不同的强度。同时，杨敏利等（2014）根据2000~2011年的省级创业投资基金融资数据，采用联立方程，对政府引导基金在创业投资领域的作用开展了一项实证研究。结果显示，各地政府引导基金的导向问题在全国各地均有差异。各省份政府引导基金的导向效果是不一样的：建立政府引导基金会挤压创业投资发达地区的社会资本；对于欠发达地区，建立政府引导基金可以起到引导社会资本的作用。网络稳定性可以通过企业与各主体的合作时长来进行划分，合作时间长的网络稳定性更高，一般情

· 100 ·

况下社会网络相对稳定的企业资本相对发达。刘学元（2016）以问卷调查形式获取样本数据，并通过结构方程模型检验了企业网络关联强度和企业吸附能力两个因素对公司创新绩效作用的路径机制，及其对各变量之间作用的影响，并给出了相应策略方案。研究成果表明，公司的技术创新网络关系的能力和公司的吸收能力之间存在显著的正相关关系，但公司吸收能力对公司创新绩效的中介作用并不完全。企业与各主体的合作数量越多可以看作企业的网络状态越强大，这类企业的创新能力和资金能力也会相对较强，可以得到社会中更多方面的支持。由此可见，社会网络强度、稳定性和网络状态对政府引导基金持股均具有很大的影响，因此，本书提出以下 3 个研究假设：

H9-1：网络强度与政府引导基金持股呈正相关。

H9-2：网络稳定性与政府引导基金持股呈负相关。

H9-3：网络状态与政府引导基金持股呈负相关。

9.3　实证研究设计

9.3.1　样本选取

本章资料均来自对长三角、珠三角和京津冀地区的科技型中小企业进行的一项关于政府引导基金的问卷调查。此项调查共有 313 份有效问卷，调查企业来自电子制造、汽车制造业、土木工程建筑业、软件和信息技术服务业、专业技术服务、商务服务业、科技推广与应用服务业等 10 个行业，覆盖长三角、珠三角、京津冀等经济圈各种类型的科技型中小企业，因此样本能较好地代表长三角、珠三角、京津冀经济圈地区科技型中小企业获得政府引导基金的普遍状况。

9.3.2　变量设计

网络关系是指在资源和信息的交流和传输过程中，各种行为主体之间形成的关系，因此在网络中，企业可以通过网络的关系来进行合作，使资源的配置达到最优，同时也降低了信息的不对称性。本书以网络强度、网络稳定性、网络状况、政府引导基金持股等为主要影响因素，总结和整理了一些可观测和可计量的指标，作为显变量。调查问卷设计包括各个企业政府引导基金的持有量、网络强度、网络稳定性、网络状态等信息，具体如表 9-1 所示。

表 9-1　调查问卷的变量与调查内容

潜在变量	调查内容
网络强度	过去 2 年，贵企业与同业竞争对手联系的频率？
	过去 2 年，贵企业与主要客户联系的频率？
	过去 2 年，贵企业与联盟合作企业联系的频率？
	过去 2 年，贵企业与政府部门联系的频率？
	过去 2 年，贵企业与高校和研究机构联系的频率？
网络稳定性	过去 2 年，贵企业与同行业竞争对手之间是长期合作关系吗？
	过去 2 年，贵企业与主要客户之间是长期合作关系吗？
	过去 2 年，贵企业与联盟合作企业之间是长期合作关系吗？
	过去 2 年，贵企业与政府部门之间是长期合作关系吗？
	过去 2 年，贵企业与高校和研究机构之间是长期合作关系吗？
网络状态	过去 2 年，贵公司与同业竞争对手的合作关系状态？
	过去 2 年，贵公司与主要客户的合作关系状态？
	过去 2 年，贵公司与联盟合作企业的合作关系状态？
	过去 2 年，贵公司与政府部门的合作关系状态？
	过去 2 年，贵公司与高校和研究机构的合作关系状态？
政府引导基金持股	贵公司与政府引导基金洽谈投资的次数？
	政府引导基金对贵企业投资的持股比例？

9.3.3　模型构建

传统的多元回归方法不能很好地处理多个因素的共存问题，本书运用结构方程模型，对我国高新技术企业中政府引导基金持股的影响因素进行了研究。由于问卷中的若干问题反映了政府引导基金持有的测量变量，所以用多元回归方法无法达到研究的目标，结构方程模型比较合适。鉴于我国对政府引导基金持股的影响因素的研究相对较少，因此本书的研究很有实际意义。同时，也为政府引导基金未来发展提供理论依据和政策建议。在对政府引导基金持有科技型中小企业股份的影响因素进行理论分析的基础上，建立了相应的结构方程模型，如表9-2和图9-1所示。表10-2分别列出了可能的变量和相应的测量变量以及误差项。在图9-1的影响路线图中，以矩形为测量变量，椭圆为潜在变量，以直线与箭头分别表示为：无直线表示二者无直接联系，单向箭头表示两个变量间有一定的关系，而双向箭头则表示两个变量彼此之间相互联系。

表9-2　科技型中小企业引导基金持股影响因素的结构方程模型

潜在变量	测量变量	误差
网络强度	与同行业竞争对手联系的频率（a1）	e1
	与主要客户联系的频率（a2）	e2
	与联盟合作企业联系的频率（a3）	e3
	与政府部门联系的频率（a4）	e4
	与高校和研究机构联系的频率（a5）	e5
网络稳定性	与同行业竞争对手是否为长期合作关系（a6）	e6
	与主要客户是否为长期合作关系（a7）	e7
	与联盟合作企业是否为长期合作关系（a8）	e8
	与政府部门是否为长期合作关系（a9）	e9
	与高校和研究机构是否为长期合作关系（a10）	e10
网络状态	与同业竞争对手的合作关系状态（a11）	e11
	与主要客户的合作关系状态（a12）	e12
	与联盟合作企业的合作关系状态（a13）	e13
	与政府部门的合作关系状态（a14）	e14
	与高校和研究机构的合作关系状态（a15）	e15
政府引导基金持股	获得引导基金的投资次数（a16）	e16
	引导基金的持股比例（a17）	e17

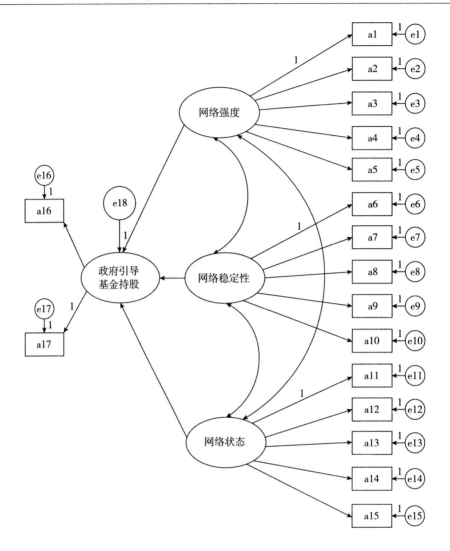

图 9-1　科技型中小企业引导基金持股影响因素结构方程路径

9.4　实证结果分析

9.4.1　描述性统计分析

本章所有变量的描述统计如表 9-3 所示。首先，科技型中小企业的社会网络关系强度表现为联络频率，从平均及中位数的统计数据来看，科技中小企业与 5 个

表9-3　科技型中小企业引导基金持股影响因素描述性统计结果

统计	a16	a17	a1	a2	a3	a4	a5	a6	a7	a8	a9	a10	a11	a12	a13	a14	a15
个案数	313	313	313	313	313	313	313	313	313	313	313	313	313	313	313	313	313
平均值	3.03	2.30	3.08	4.41	3.79	3.5	3.26	2.99	4.2	3.72	3.75	3.5	3.46	3.9	3.83	3.65	3.58
中位数	3	2	3	5	4	3	3	3	4	4	4	4	4	4	4	4	4
众数	3	2	3	5	4	3	3	3	4	4	4	4	4	4	4	4	4
标准偏差	0.858	1.062	0.834	0.771	0.755	0.712	0.965	0.906	0.733	0.7	0.818	0.848	0.843	0.689	0.668	0.735	0.873
最小值	2	1	1	1	2	1	1	1	1	1	1	1	1	2	2	1	1
最大值	5	5	5	5	5	5	5	5	5	5	5	5	5	5	5	5	5
总和	947	721	964	1380	1186	1094	1021	937	1314	1165	1174	1096	1084	1221	1200	1144	1122
百分位数（25%）	2	1	3	4	3	3	3	2	4	3	3	3	3	4	3	3	3
百分位数（50%）	3	2	3	5	4	3	3	3	4	3	3	3	4	4	4	4	4
百分位数（75%）	3	3	4	5	4	4	4	4	5	4	4	4	4	4	4	4	4

行业的关联程度比较高。大部分的科技型中小企业与同行业竞争对手、政府部门、高校和研究机构联系频率为一般，且大部分与主要客户和联盟企业接触的次数较为频繁。其次，根据网络稳定性的统计，多数企业对"与各种类型的公司之间的长期合作"的答案为"一般""比较赞同"。再次，从网络状态的统计数据来看，与其他主体比较，科技型中小企业与各类主体的合作状态都是合作的数量越来越多。最后，在政府引导基金持股方面，多数科技型中小企业与政府引导基金的洽谈次数是2~3次，且大多数科技型中小企业的政府引导基金持股比例在5%~10%。

9.4.2 样本分析

在结构方程式分析之前，采用问卷调查的资料对该模型进行了信度与效度的检验。为了确保问卷的可靠性与准确性，本书以统计学的方式进行了分析。本书采用 SPSS 数据分析软件对采集到的数据进行了分析和处理，再将结果提供给使用者作为参考。先采用 AlPha（阿尔法）信度系数法进行信度分析，Cronbach's AlPha 系数为 0.819（见表 10-4），而从判定标准来看，Cronbach's AlPha 值在 0.5~0.9 时，该指标的信度可以被接受。利用 Kaiser-Meyer-Olkin（KMO）和 Barilett（巴特利特）球体检验的方法进行了效度分析。进行相关强度检验用到的是 KMO 检验统计量，结果显示为 0.815（见表 9-4），超过 0.8，说明相关系数有较强关系；在 Bartlett 球体试验中，P=0.000 是高质量的结果。结果表明，这两种方法的有效性测试结果是吻合的。

表 9-4 信度与效度分析

信度（可靠性分析）	克隆巴赫 Alpha	0.819	
	基于标准化项的克隆巴赫 Alpha	0.826	
	项数	17	
效度（巴特利特检验）	KMO 取样适切性量数	0.815	—
	巴特利特球形度检验	近似卡方	1359.161
		自由度	136
		显著性	0.000

9.4.3　结构方程模型检验结果

依据各因子的相关关系，判断其是否通过了显著性检验。路径系数如表9-5所示。

表 9-5　科技型中小企业引导基金持股影响因素路径系数

			Estimate	S. E.	C. R.	P
政府引导基金持股	<---	网络稳定性	-0.423	0.303	-1.394	0.163
政府引导基金持股	<---	网络强度	1.002	0.604	1.660	0.097
政府引导基金持股	<---	网络状态	-0.178	0.246	-0.720	0.471
a1	<---	网络强度	1.000			
a2	<---	网络强度	1.208	0.231	5.232	***
a3	<---	网络强度	1.430	0.254	5.637	***
a4	<---	网络强度	1.441	0.250	5.762	***
a5	<---	网络强度	2.085	0.355	5.875	***
a6	<---	网络稳定性	1.000			
a7	<---	网络稳定性	0.787	0.171	4.604	***
a8	<---	网络稳定性	1.040	0.192	5.426	***
a9	<---	网络稳定性	1.383	0.243	5.700	***
a10	<---	网络稳定性	1.445	0.253	5.715	***
a11	<---	网络状态	1.000			
a12	<---	网络状态	1.199	0.229	5.232	***
a13	<---	网络状态	1.228	0.230	5.332	***
a14	<---	网络状态	1.265	0.243	5.208	***
a15	<---	网络状态	1.737	0.318	5.468	***
a16	<---	政府引导基金持股	2.501	1.212	2.063	0.039
a17	<---	政府引导基金持股	1.000			

注：＊＊＊表示在1%水平上显著，＊＊表示在5%水平上显著，＊表示在10%水平上显著。

科技型中小企业的社会网络状态和稳定性与其政府引导基金持股存在显著的负相关，但是在其影响程度上，网络稳定性影响程度更大，而网络状态对其影响最小，其路径系数为-0.423和-0.178；科技型中小企业的网络强度对政府引导基金持股具有积极的正向促进作用，路径系数显示结果为1.002。由此可见，科技型中小企业的社会网络稳定性和网络状态方面对企业的政府引导基金持股数量存在消极的影响，科技型中小企业的社会网络强度方面对企业的政府引导基金持股数量具有积极影响。也就是说，网络稳定性低和网络状态差的企业与政府引导基金的合作次数更多，而那些网络稳定性高且网络状态好的企业就很少需要政府引导基金的帮助；网络强度高的企业更愿意与政府引导基金合作。

9.5 研究结论

当今社会，在时代的快速发展下，企业转型加快，不同领域的企业层出不穷，也催生出了越来越多的创业者，国家也出台了支持企业家创业的政策，政府引导基金因此而形成，政府引导基金支持处于科技技术创新初级阶段的中小企业，并引导中小企业开展投资活动，促进中小企业创新发展。政府引导基金致力于发挥财政资金杠杆的放大效应，增加创业投资资金的供给供应，通过市场化配置创业投资资金，解决政府引导基金的市场失灵。在国家层面上，政府引导基金在支持科技型中小企业发展中发挥着重要作用。一方面，可以通过设立专门的管理机构来规范其管理运作；另一方面，可以利用其优势为初创型科技企业提供融资服务。政府引导基金通过促进一般创业投资公司投资于中小企业创业发展的早期阶段，有效克服了一般创业投资公司投资于中小企业发展的增长期、成熟期和以改造政策导向基金企业为主的弊端。随着政府引导基金的发展和完善，越来越多企业希望通过政府引导基金来获得融资，在此背景下，各种因素对企业引导基金持有量的影响也呈现多元化趋势。企业作为社会环境中的一员，不可避免地要与企业以外的社会群体，包括客户、投资人、供应商、政府等进行经济交往，要建立和保持良好的公共关系，就必须加强与社会群体的交流与沟通，建立良好的社会关系。与此同时，企业的网络关系也成为影响政府引导基金持股的一个重要方面。

政府引导基金已成为国家对企业投资产生间接影响的重要因素。但是，在实践过程中，政府引导基金并没有发挥出应有的作用，甚至出现一些问题，其中很大一部分原因是缺乏有效的评估和监督体系造成的。本章主要研究企业社会网络关系对政府引导基金持股持有量的影响，一方面对政府引导基金的实施效果进行更全面的评价，另一方面帮助不同的企业判断自己是否需要政府引导基金的帮助。

本书采用问卷调查的方式，获得了科技企业与5个主体的社会网络关系，模型选取的是结构方程模型来进行研究，并且实证研究了这些企业的网络稳定性、网络强度、网络状态等。本章研究结论如下：①科技型中小企业的网络稳定性、网络强度、网络状态对企业政府引导基金的持股具有显著的影响，就影响力大小排名而言，网络强度影响最大，而网络状态影响最小。②网络稳定性、网络强度、网络状态对科技型中小企业政府引导基金持股的影响方向不同，网络强度与政府引导基金持股呈正相关关系，而网络稳定性和网络状态呈负相关关系。③政府引导基金对处于初创期的科技型企业帮助更大，而网络稳定性较强和网络状态较稳定的科技型企业对于政府引导基金的需求减小，网络强度大会更加促进政府引导基金的持股。

在以上研究结论的基础上，本书对我国政府引导基金如何更好地服务于中小企业融资进行了探讨：一是应完善政府引导基金管理框架，我们要明确政府引导基金是由政府出资设立并以市场化方式运作的资金支持项目建设和运营的投资机构，其主要职能为通过股权或债权形式投入，按照市场规则组织实施，实现专业化、规范化的运作。二是要进一步发挥政府引导基金作为资本力量参与中小企业融资的作用。政府引导基金不仅可以有效解决中小微企业融资难的问题，而且也能提高企业的经营管理水平和盈利能力。但目前我国政府引导基金尚处于起步阶段，还存在很多不足和缺陷。因此需要不断完善政府引导基金管理模式，建立起一套科学、规范且具有中国特色的政府引导基金管理制度，从而推动我国中小企业的快速发展，促进经济增长方式转变，提升社会资源配置效率。三是加强政策支持力度，加大对政府引导基金的投入力度。一方面要通过设立相关专项资金，鼓励金融机构参与政府引导基金投资建设，以缓解资金缺口；另一方面要完善财政贴息制度，进一步减轻中小企业融资成本压力。建立与之相适应的投融资机制，包括政策体系、风险补偿机制和退出机制等，以此来保证政府引导基金能够持续稳定运行，满足中小企业多元化需求，保障中小企业健康发展。四是拓宽政府引导基金的筹资渠道，积极推进政策性银行和商业银行进入政府引导基金领域，扩大资金来源渠道，优化融资结构。此外，还要充分发挥金融资源配置的基础性作用，不断强化政府引导基金对中小微企业融资的促进作用。

10 社会资本、知识资本与政府引导基金投资的关系

随着市场经济的发展以及经济全球化背景，企业竞争的影响因素越来越多，面对的市场环境也越来越复杂。而面对如此激烈的市场竞争，企业要想存活且获得发展，也需要付出更多精力，同时需要改变以往的企业战略。如何帮助企业更好地发展也成了学者谈论的热门话题之一。社会资本是企业在运营过程中可以运用的社会网络关系的总称，是企业的无形资产，企业可以运用的社会资源越多，企业交易的成本往往也越低。而在这个知识经济时代，知识资本的合理运用能够帮助企业融资和创新，已经成为提高企业竞争力的重要因素。政府引导基金则是国家为了支持中小企业的发展，促进产业转型升级和企业创新而设立的一种基金，可以减轻企业的融资风险，帮助企业更好的发展。而社会资本、知识资本以及政府引导基金持股这三者作为新型的资源，都能在一定程度上促进企业融资和发展，帮助企业提高其市场竞争力和绩效。因此本书在研究前人发表论文的基础上，提出相应的假设，将对长三角、珠三角、京津冀三大经济圈的科技型中小企业的问卷调查作为研究样本，得出的研究结果对社会资本、知识资本与政府引导基金持股三者的关系研究具有参考意义。

10.1 理论基础

10.1.1 社会资源理论

社会资本是指企业能够利用的所有外部网络关系的总和。不同的企业具有不同的社会资本，随着企业可利用的社会资源的增加，企业能够获得的对应的社会

资本也会随之增加，则企业可利用的社会资源也可以得到进一步发展，甚至可以帮助企业降低获得其他资源的成本，最终达到促进企业发展的作用。

社会资本是随着经济的发展和企业规模的日益壮大而产生的，具有共存性、不可再生性和不可模仿性等特征，能够减少交易的不确定性，提高交易的效率，是区别于其他资本的一种无形的非实体资源，是以社会关系为连结，通过网络、社会道德、社会信任等因素来表现的一种特殊的新型资源。苏凤娇（2020）认为，社会资本可以促进知识整合能力的发展，知识整合能力又可以进一步促进企业协同绩效的发展，三者互相影响互相促进，同时社会资本对员工关于知识共享的态度有正向显著的影响。郗玉娟（2020）从资源论、能力论和制度论三个视角对社会资本的概念进行总结，综合社会资本各种不同的维度进行分析后认为，社会资本的发展对企业的动态能力也有着相对积极的影响。

综合上述对现有文献的梳理，社会资本是企业的一种不断发展且动态变化的能力，并且社会资本随着内部网络和企业员工之间的联系合作等因素呈正向发展，以更好地促进高科技创新产业的发展，社会资本的发展能够更好地吸引政府引导基金的投资，促进企业的创新绩效。

10.1.2　资源基础与知识基础相关理论

资源基础论的核心理念是企业集合了各式各样的资源，由于不同企业的行业、规模不同，也就导致了不同的企业有不同的资源，这也就意味着每个企业的资源都是独特的、不可复制的。这些资源既包括有形的实体的金融资源也包括无形的非实体的资源，企业可以将这些资源转化成能够为企业带来经济价值的产品，随着时代的发展，这些资源将在企业的市场竞争中起着越来越核心的作用，能够极大地提高企业的市场竞争力。

知识基础观的内涵是：企业其实是一个大型的知识处理系统，同时这个系统以企业的隐性知识为核心，以人为载体，而人可以通过学习新技术、分享自己所获取的知识等行为去促进人与人之间的知识共享，人对其所拥有的知识进行整合和创新，也就能够创造出新的对企业具有一定经济价值的知识。总言之，知识资本企业有两个任务，第一是个人整合企业内部的资源从而达到创新的目的，第二是从企业的外部去获取相关知识。知识基础观对企业所拥有的知识资本的本质重新做了定义和思考，进一步促进了知识资本的发展。

10.1.3　市场失灵理论

单纯依靠市场机制去对市场内的资源进行分配和调节这一方式无法实现均衡，这就是市场失灵。市场失灵理论是由巴托首次提出的，不过随着市场经济的深入发展，萨缪尔森等发表的言论则对市场失灵理论进行了进一步完善和发展。市场失灵理论的内涵是：完全不借助政府或者其他外力的介入只由市场进行资源配置是资源配置的最佳方式，但是在现实的市场环境中，完全由市场进行资源配置这一假设需要的前提条件极为严苛，是现实生活不可能出现的，因此完全的市场竞争结构只存在于理想状态下，变成了一种假设，不存在于现实生活中。在现实生活中，因为信息的不对称不完全和垄断等因素，使得市场机制如果仅仅依靠价格就会存在诸多问题，从而出现了一些资源配置的效率低下、不均衡的现象，这就是市场失灵的状态。而当这一现象出现时，为了使市场重新正常运转，同时能够提高企业的配置效率，就必须借助政府的力量。即当市场的运行出现问题时将不得不依靠政府的干预，这也侧面说明了政府在市场经济中的作用越来越重要。

10.2　理论分析与研究假设

社会资本是社会的某个团体在其所处的市场环境中能够利用到的外部网络关系和相应资源。即社会资本是无形的外部资源的集合，是由许多内容构成的，单独的某一部分不能被叫作社会资本。这个团体的定义小到个人、家庭，大到整个国家，都可以被称作团体，都可以具有与其相对应的社会资本。而能够为团体内部的相关人员的行动提供一定的便利，能够提升整体的效率就被视为这个团体的社会资本，通过协调内外部之间的关系以及合理运用社会资本可以促进整体的发展。社会资本就是社会团体的特征，表现形式有社会网络、信任、权威等。知识资本目前仍属于新型的经济理论，从字面意思上理解是以各种知识形态表现的资本，知识社会经济发展到一定程度时，知识资本也就随之出现了。知识资本理论的内涵是：知识资本是一种以知识为基础的新型资源，同时它以高科技创新技术为表现形式，且能够为企业带来一定利润和经济价值。知识资本指的是人的所有知识成果和技术投入所凝聚的知识资本的总和，是人通过对知识的合理运用所创造出来的价值，也就是人以知识为内核利用累积的知识创造技能的成果，包括人力资源、企业管理、技术、经验及其创新知识成果等。

10.2.1 社会资本与引导基金持股

社会资本是企业在社交网络中可用的资源的集合体，有助于提高企业的市场竞争能力，关于社会资本和企业融资的关系，大部分学者认为社会资本与企业融资能够互相促进。张润宇等（2020）认为，企业好的融资环境需要借助成熟的社会网络，即社会资本，他们认为社会资本能够帮助企业解决之前存在的一些问题，例如，社会资本的发展可以缓解企业由于长期债务等原因造成的投资不足的问题，其在帮助企业解决外部融资困难方面也起着积极作用，能够促进中小型企业的发展，减少小微企业与大型企业之间的差距。曹世敏（2021）通过提出并验证供应链社会资本、企业营运能力与创业绩效以及政府补助的调节效应之间的关系，以政府作为中介搭建了社会资本和企业营运的平台，结论表明，社会资本对企业创业和营运有正向作用，企业应该强化上下游客户关系密度，同时也可以利用社会网络关系促进发展。万尚儒（2021）以海尔集团高新技术产业为对象，认为社会资本作用于创新，促进了网络联结，可以通过创新活动促进创新绩效。高远（2021）通过引入一个结构洞的概念，从一个新角度去对社会资本与企业价值的影响做出分析，研究表明企业的社会资本可以提高企业的价值。但是杨莹（2020）关于企业融资与社会资本的关系持有不同意见。通过研究，杨莹认为社会资本的积累虽然能为企业带来更多可利用的资源和一定的利润，但也可能会提升投资的盲目性，会让企业过度投资，所以他认为应该企业科学规范使用社会资本。董坤坤等（2021）则对社会资本做了更细致的划分，将社会资本划分为个人、地区和企业，以我国 2015～2019 年深沪上市的人工智能公司为样本从三个维度去探索不同层次社会资本对于企业融资的作用，发现其作用各不相同，但是企业受社会资本影响最大，企业应该更加重视，另外，企业受融资的影响因素越大，创新绩效越低。

引导效应顾名思义就是要先引导，而且最终的落脚点也是引导。政府引导基金作为带动创业企业发展的先行者，通过政府财政出资的方式直接或间接参与到创投市场，以政府自身在社会上的影响力，吸引除政府资金以外的其他资本也能够对创新创业企业进行投资，同时给予一些资金帮助困难企业，从而对科技创新企业的发展以及区域经济的进步起到正向作用。房燕和鲍新中（2016）使用实证分析方法研究了我国 7 个不同城市的政府引导基金对风险资本的政府引导效应和政府引导基金对国内生产总值的影响效果，得出结论为，不同城区的社会资本不同，政府引导基金的投资也有所差异。周小梅等（2021）研究发现政府可以发挥作用进行宣传从而吸引更多社会资本，同时社会资本的增加也会减轻政府负担。他认为政府应当引入优质社会资本，为社会资本让出利润空间来提高社会资本的积极性。杨银雪（2018）认为社会资本具有投资、运营管理的能力，能够对政府引导基金提供大量支持，对很多有引导基金的项目起着不可或缺的作用，应该坚定不移坚持社会资本与政府引导基金的结合。石小青（2021）提到社会资本对政府引导基金的促进作用时提出，应该注意避免政府对社会资本的挤出效应。因此本书提出假设 H10-1：

H10-1：社会资本与政府引导基金显著正相关。

10.2.2 知识资本与引导基金持股

知识资本是一种能够为企业带来利润的无形资产，也是企业可利用的一种新型资源，以高科技为特征。关于知识资本与企业融资之间的关系，一直受到国内外学者的密切关注，大部分学者认为知识资本对企业融资起到积极作用。许长新（2021）等整体客观性地研究了技术创新投资对于企业创新的相关影响，发现知识资本可以给企业带来长久的积极作用，促进企业的创新和发展。王元伦（2021）以与文化产业的相关上市公司为研究对象，通过调查研究得出知识资本与企业绩效二者相互促进，知识资本的发展能够提高企业绩效，而企业绩效的提高也能够进一步促进知识资本的发展，同时吸引更多的企业融资。曾世华等（2020）以国内多家流通的上市公司为研究对象，通过对知识资本的各个构成部分进行调查分析后得出了知识资本的聚集能够促进整体经济的流通，同时也能够驱动创新创业型产业的整体发展，而且知识资本的储存可以提高企业的经营能力和创新创业能力。郭丽洁（2020）认为，随着市场经济的不断发展，知识资本将是企业不容忽视的一部分，也将会逐渐成为提升企业竞争力的关键因素，因此企业应该逐步重视知识资本的发展，对企业内部的知识资源进行正确规范的管理。宋玉莲（2018）通过研究列举马克思主义的相关知识发现，人类社会随着时代的发展以来的资源也有所差别，之前更多的是物质资本等实体资本，而现在更多的是知识资本等无形的非实体资本。他认为知识资本对于企业融资发展起着关键性作用。赵婷婷（2018）认为，知识资本的积累有助于减少企业的投资风险，也是企业获取利润的关键驱动作用。李文雅（2017）以上市的高新技术企业为研究对象，得出结论：知识资本的各个构成部分相互影响，不能单独存在，共同构成一个有机整体，从而能够整体提高企业价值，促进企业的发展。但是知识资本的积极作用尚没有得到完全发挥，企业应该提升对知识资本的重视程度，加强内部对知识资本的管理。郭文臣等（2019）认为，智力资本对企业的竞争能够起到预测性作用，而企业良好的管理能力也能够进一步调节知识资本，促进知识资本的发展。

知识资本指的是企业关于以知识为内核和基础的，能够对企业的知识产权以及智力资产等关于知识的内容进行转化的资产。关于知识资本与政府引导基金持股的关系，学者大多认为知识资本对政府引导基金有促进作用。张雯等（2021）认为，政府引导基金的投资有助知识资本的发展，从而能够帮助企业吸引更多的政府引导基金进行投资，双方都具有强大的推动作用。陈则孚（2001）提出，知识资本与其他实体金融资本进行融合能够促进良好的企业制度的形成从而促进企业发展。山东省财政厅也发布了相关内容，认为通过加快知识产权与金融的融合，能够使财政资金在市场中更好地发挥引导作用。基于以上原因，本书提出假设 H10-2：

H10-2：知识资本与引导基金倾向显著正相关。

10.2.3　社会资本、知识资本与政府引导基金持股

关于社会资本与知识资本的关系，大多学者认为其二者是互相影响，互相促进的。郗玉娟（2020）根据社会资本理论、知识管理理论和动态能力理论等，通过调查及构建相应模型发现知识资本是社会资本与企业动态能力的桥梁，且社会资本能够促进知识的创造创新。同时社会资本在为知识资本提供一定积极作用的同时，也要注意知识资本的结构维度，才能够为知识资本形成提供良好条件，从而营造浓厚的知识文化氛围，提升企业的知识转化率和创造知识资本的能力。靳艳雪（2014）通过对网络平台中个人的社会资本和其知识共享的关系进行调查研究发现，社交网络中，个体通过知识共享等途径提升的知识与其在生活中所处的社会地位有着密切关系，其二者呈正相关关系。陈静（2007）通过研究发现社会资本对知识产业的发展既有积极的方面也有消极的方面，不能一概而论。积极方面是：社会资本的发展能够提高企业对知识资本的重视程度，促进企业内部形成良好的知识氛围，企业也可以组织内部人员进行培训以及知识共享等，企业的凝聚力也能得到提高，从而达到提高企业竞争力和促进企业发展的最终目的。消极方面是：社会资本可能对企业的变革和创新起到阻碍作用，也可能导致企业内部资源的配置效率低下及分配不公平等问题的产生，从而破坏企业在市场中的公平竞争关系。余向前等（2018）认为企业社会资本和企业知识资本呈现正相关性，同时企业社会资本对知识转移存在显著的正面影响。他认为企业的进一步发展与知识资本密不可分，想要进一步发展知识资本，扩大知识来源，可以通过社会资本作为平台，为知识资本的发展创造机会。吴俊杰（2013）认为，企业在提升知识整合能力时，也需要注重社会资本的有效发挥，在利用社会资本获取新的技术的同时，也要注重与知识资本进行整合。温雪（2013）提出假设并采用结构方程的方法，对社会资本与知识资本进行实证分析后得出结论：社会资本与知识经济具有正相关关系的同时社会资本对知识经济的发展有积极的促进效应。

关于社会资本、知识资本与政府引导基金持股三者之间的关系，赵文君（2021）认为三者应该结合起来，利用乘数效应共同促进经济的发展，也就是政府引导基金需要充分发挥其在市场中的引导和放大作用，实现政府引导基金的介

入能够弥补财政资金不足的效果，充分发挥政府在市场中的决定性作用，从而吸引更多的社会资本，引导社会资本对更多高新技术企业和战略性新兴企业的投入，重视知识资本的投入，营造良好的创新氛围，从而促进知识资本的发展，同时也鼓励民间资本加大投入，最后实现经济发展。即良好的社会资本能够吸引政府引导基金的投资，而知识资本的介入能吸引更多的政府引导基金的投资。因此本书提出假设 H10-3 和假设 H10-4：

H10-3：社会资本、知识资本与政府引导基金持股倾向显著正相关。

H10-4：知识资本在社会资本与政府引导基金之间起调节作用。

10.3　实证研究设计

10.3.1　样本与数据

本书以对长三角、珠三角、京津冀三大经济圈的科技型中小企业的问卷调查作为研究样本，研究社会资本、知识资本与政府引导基金持股三者的关系。本书对选出的数据进行了合理筛选，剔除不完整的数据，经过筛选本书共得到 551 家科技型中小企业相关数据作为有效的样本。选取的与主题相关的比较有代表性的指标包括政府引导基金、社会资本、高学历人才、成员专业情况、企业规模、高新技术以及行业，这些数据全部来源于调查问卷。本书的数据主要使用 SPSS 软件进行处理和分析，实证研究采用的方式是回归分析。

10.3.2　变量定义与模型的设定

（1）变量定义。本书根据研究需要，选取政府引导基金为被解释变量，社会资本和成员专业知识为解释变量，企业规模、高新技术、高学历人才以及行业为控制变量，如表 10-1 所示。

表 10-1　变量选择情况

类型	名称	符号	含义
被解释变量	政府引导基金	GGF	政府引导基金是否有在企业内投资

续表

类型	名称	符号	含义
解释变量	社会资本	X_1	选择企业外部网络关系作为数据
	成员专业知识	Y_1	企业中每个成员是否具有专业知识背景
控制变量	企业规模	SIZE	对企业的规模进行比较
	高新技术	TECH	企业是否属于高新技术企业
	高学历人才	PEOPLE	企业中硕士及以上人才的数量
	行业	INDU	企业是做什么行业

（2）模型设定。本书研究的是社会资本、知识资本与政府引导基金持股的关系，对长三角、珠三角、京津冀三大经济圈的科技型中小企业的问卷调查进行分析，主要研究社会资本和知识资本到底对企业吸引政府引导基金有什么影响，基于上述分析构建逻辑回归模型，检验社会资本、知识资本与政府引导基金持股三者的关系情形。

模型构建如下：

$$GGF = \beta_0 + \beta_1 X_1 + \beta_2 Y_1 + \beta_3 SIZE + \beta_4 TECH + \beta_5 PEOPLE + \beta_6 INDU$$

其中，β_0 表示常数项，β_1 至 β_6 表示各个变量的回归系数。

10.4 实证结果分析

10.4.1 描述性统计

从表 10-2 可以看出，其中总样本（$n = 549$）是对各个变量的描述性统计，分别代表着各个变量的最小值、最大值、均值以及标准差。通过分析描述性统计表能够发现，这些变量的最大值和最小值都是可选择范围内的最大值和最小值，不具备太大的参考价值。不过从企业规模 1～规模 5 的跨度也可以看出此样本兼顾了大小规模不同的企业，因此这个样本具有较强的代表性。而社会资本、政府引导基金、成员专业知识以及高学历人才的残差值分别为 0.848、1.009、0.826 及 1.556，从这些数据中可以看出本书主要变量的离散程度较小，波动较小。

表10-2　描述统计量

变量	Minimum	Maximum	Mean	Std. Deviation
引导基金	1	5	1.93	1.009
社会资本	1	5	3.55	0.848
成员专业知识	1	5	3.93	0.826
企业规模	1	5	3.45	1.089
高学历人才	1	5	3.23	1.566
高新技术	1	2	1.58	0.493
行业	1	10	6.29	3.083
Valid N		549		

10.4.2　相关性分析

关于变量皮尔逊相关性的分析结果如表10-3所示,通过分析发现,在置信水平为1%时,社会资本与引导基金的数值为-0.99,高学历人才与政府引导基金的数值为-0.25,成员专业知识与政府引导基金的数值为-0.211,可以看出社会资本与政府引导基金有高度相关性,高学历人才与成员专业知识同政府引导基金在0.01级别的相关性也呈很高的水平,且因为本书研究的是在企业规模、行业等控制变量的情况下社会资本、知识资本与政府引导基金三者之间的关系,由此可见本书的分析与假设存在意义。总体而言,表10-3中的变量两两之间相关性较弱,排除了多重共线性的可能,可以继续下面的回归分析。

表10-3　主要变量的相关性分析

变量		引导基金	企业规模	社会资本	高学历人才	高新技术	行业	成员专业知识
引导基金	Pearson Correlation	1.000	0.231**	-0.099*	-0.250**	0.301**	-0.113**	-0.211**
	Sig.（2-tailed）		0.000	0.021	0.000	0.000	0.008	0.000
企业规模	Pearson Correlation	0.231**	1	-0.016	-0.065	0.079	0.068	-0.012
	Sig.（2-tailed）	0.000		0.716	0.128	0.065	0.112	0.781
社会资本	Pearson Correlation	-0.099*	-0.016	1	0.257**	-0.214**	-0.053	0.210**
	Sig.（2-tailed）	0.021	0.716		0.000	0.000	0.213	0.000

续表

变量		引导基金	企业规模	社会资本	高学历人才	高新技术	行业	成员专业知识
高学历人才	Pearson Correlation	-0.250**	-0.065	0.257**	1	-0.407**	-0.114**	0.259**
	Sig.（2-tailed）	0.000	0.128	0.000		0.000	0.007	0.000
高新技术	Pearson Correlation	0.301**	0.079	-0.214**	-0.407**	1	0.109*	-0.152**
	Sig.（2-tailed）	0.000	0.065	0.000	0.000		0.011	0.000
行业	Pearson Correlation	-0.113**	0.068	-0.053	-0.114**	0.109*	1	-0.034
	Sig.（2-tailed）	0.008	0.112	0.213	0.007	0.011		0.427
成员专业知识	Pearson Correlation	-0.211**	-0.012	0.210**	0.259**	-0.152**	-0.034	1
	Sig.（2-tailed）	0.000	0.781	0.000	0.000	0.000	0.427	

注：***表示在1%水平上显著，**表示在5%水平上显著，*表示在10%水平上显著。

10.4.3 回归结果分析

因为本书研究内容为社会资本、知识资本与政府引导基金持股的关系，所以分别通过社会资本与政府引导基金持股的回归分析和在有知识资本的情况下社会资本与政府引导基金持股的回归分析来验证本书的相关假设以及知识资本是否存在调节作用。

（1）社会资本与政府引导基金持股的关系。表10-4报告社会资本与政府引导基金持股的关系回归结果如表10-4所示。回归的概率 P 值小于显著性水平0.01，本书的研究有统计意义，证明社会资本与政府引导基金有显著线性关系，模型拟合度良好。以政府引导基金为自变量，社会资本为因变量，企业规模、高新技术、行业与高学历人才为控制变量，从表10-4中可以看出系数为正数，且显著性均小于0.05，说明社会资本与政府引导基金呈正相关，由此验证了假设H10-1。

表10-4 回归结果

变量	Log Likelihood of Reduced Model	Chi-Square	df	Sig.
Intercept	894.622	0.000	0	0.000
企业规模	941.793	47.171	16	0.000

续表

变量	Log Likelihood of Reduced Model	Chi-Square	df	Sig.
社会资本	922.290	27.668	16	0.035
高新技术	930.014	35.392	4	0.000
高学历人才	937.033	42.411	16	0.000
行业	973.861	79.239	36	0.000

（2）社会资本、知识资本与政府引导基金持股的关系。社会资本、知识资本与政府引导基金持股的关系回归结果如表 10-5 所示。回归的概率 P 值小于显著性水平 0.01，本书的研究有统计意义，证明社会资本、知识资本与政府引导基金有显著线性关系，模型拟合度良好。以政府引导基金为自变量，社会资本与知识资本为因变量，企业规模、高新技术、行业与高学历人才为控制变量，从表 10-5 中可以看出系数为正数，且显著性也均小于 0.05，对比无知识资本，有知识资本时社会资本与政府引导基金的显著性从 0.035 变成了 0.029，联系更加明显了，因此可以得出结论，知识资本在社会资本与知识资本中起调节作用，验证了假设 H10-4。

表 10-5　全样本回归结果

变量	Log Likelihood	Chi-Square	df	Sig.
Intercept	972.765	0.000	0	0.000
企业规模	1020.193	47.428	16	0.000
社会资本	1001.086	28.321	16	0.029
高学历人才	1007.746	34.981	16	0.004
高新技术	1007.303	34.538	4	0.000
行业	1056.523	83.758	36	0.000
成员专业知识	1005.712	32.947	16	0.008

10.5　研究结论

在当今社会科学技术的飞速发展以及全球经济一体化的宏观背景下，企业要想在市场中有一席之地所需要付出的努力也越来越多，而一个企业能够在越来激烈的市场中获得成功，需要考虑的因素也大幅增加了。旧的企业战略已经不足以面对当前日趋复杂的经济形势，面对这样的市场环境，如果还沿用之前的企业竞争手段，将会使企业被时代所淘汰，因此很多新型的战略资源开始出现在企业的视野中。然而，政府引导基金在我国出现的时间较晚，还未得到充分发展，目前仍存在一些不完善的地方，且知识资本和社会资本作为一种新型的优质资源，还没有完全被大众了解并接受。但其三者对于市场经济和产业升级的重要作用不容忽视，因此研究社会资本、知识资本与政府引导资金持股的关系具有一定的时代意义，也可以帮助大众更好地了解这三者的含义从而进行优质低风险的理想投资。本书基于这个背景，以长三角、珠三角、京津冀三大经济圈的科技型中小企业的问卷调查作为本章研究样本对社会资本、知识资本和政府引导基金三者的关系进行研究，在做出研究假设后用SPSS对选取数据进行分析后得出结论：①社会资本与政府引导基金持股呈正相关关系；②知识资本与政府引导基金持股呈正相关关系；③在加入知识资本之后，社会资本对政府引导基金持股的影响更显著，知识资本在社会资本与政府引导基金持股中起中介作用。

基于以上结论，笔者认为企业应该重视社会资本的作用，努力扩大外部网络，企业要强化与外部企业、供应商、销售方、主要客户以及相关机构的沟通，多进行一些互动，从而可以更好地掌握行业内的市场变化情况，提高公司的外部感知能力，以便出现问题时可以较快察觉，构建长期稳定和谐的外部网络关系。企业应该重视知识资本的作用，努力拓宽内部网络。在知识经济时代，抓住一切创造知识的机会，努力提高企业内部人员的专业知识能力，提高对高学历人才的待遇，努力引进和留住人才，鼓励员工进行创新，培育良好的公司团队氛围。同时可以增加员工培训的次数，重视员工之间的知识传播，提高知识的转换效率，建立重视知识创造的企业氛围。政府应该适当放宽政府引导基金的地域限制，根据当地的实际情况，适当结合当地的其他投资方式如民间资本等，审慎考虑，建立合适的风险补偿机制，从而提高更多资本的投资积极性，吸引更多的优质项目。同时，需要加强基金的运作效率，建立合适的进入和退出机制，以消除政府引导基金的后顾之忧。

本篇小结

本篇主要研究创业投资引导基金的投资特性与影响因素。本部分主要基于实证研究的方法，系统分析政府引导基金的投资对象选择和投资时机选择偏好，以及社会网络影响因素，通过系统的实证分析，为后文分析创业投资引导基金的融资效应和融智效果提供理论依据。

首先，通过 Wind 数据库和私募通数据库中选取的 2015~2019 年新三板公司获得政府创业引导基金投资的公司（170 个样本）和未获得政府创业引导基金投资的公司（180 个样本）作为研究对象，从被投资的中小企业的财务特征、公司特治理特征、企业自身特点出发，研究政府引导基金的选择偏好。具体而言，对于影响政府引导基金是否投资的因素，设置了净资产收益率、资产负债率、企业成立时间、资产规模、营业利润率、资产的流动性、主营业务收入增长率、股权集中度八个变量；对于影响政府引导基金投资金额的因素，设置了净资产收益率、资产负债率、成立时间、资产规模、营业利润率、资产的流动性、营业务收入增长率、股权集中度、投资轮次、投资股权等十二个变量。通过数据分析，得出以下结论：企业成立时间越短，资产规模越大；股权集中度越高，获得投资的概率越高；投资股权越高，资产规模越大，营业利润率越高，获得投资的金额越高。而其余变量未能通过显著性检验。

其次，选取 2015~2019 年新三板获得过政府引导基金投资的公司作为研究样本，围绕着我国创业投资引导基金进入企业时机的影响因素来讨论，在系统梳理引导基金的理论基础和研究成果基础上，收集创业投资引导基金投资的数据，利用 Ologit 模型对创业投资引导基金进入企业时机的影响因素进行实证检验，最后根据实证分析结果提出了对政策建议。通过本书研究发现：①被投资企业的创新能力与创业投资引导基金进入企业的时机呈正相关关系，即创业投资引导基金更愿意将资金投在成长期和成熟期的创新能力高的企业；②被投资企业的市场竞争力与创业投资引导基金进入企业的时机正相关，即市场竞争力越好的企业，创业投资引导基金将越在企业经营的成长期和成熟期进入，以获取更高的收益；③政府引导基金投资所占股权比例与进入企业的时机的关系不显著。

再次，本篇基于300多家科技型中小企业问卷调查得出的实际数据，实证研究政府引导基金持股和企业社会网络之间的关系以及如何互相作用和互相影响，研究发现，网络稳定性低和网络状态差的企业与政府引导基金的合作次数更多，而那些网络稳定性高且网络状态好的企业就很少需要政府引导基金的帮助；网络强度高的企业更愿意与政府引导基金合作。在此结论基础上，本书对我国政府引导基金如何更好地服务于中小企业融资进行了探讨：一是应完善政府引导基金管理框架；二是要进一步发挥政府引导基金作为资本力量参与中小企业融资的作用；三是加强政策支持力度；四是拓宽政府引导基金的筹资渠道。通过以上分析可知，政府引导基金可以促进中小企业融资发展，但同时也存在着一些问题值得关注：一方面，由于我国中小企业融资难的原因很多，因此政府引导基金不能完全满足中小企业的融资需求；另一方面，政府引导基金还可能会出现投资方向不清晰、缺乏有效监督以及信息公开不足等问题。总言之，对于与社会中其他主体不是长期合作关系且合作数量不是越来越多的企业更适合持有政府引导基金，此时政府引导基金对这类企业相比于其他企业而言的帮助更大；与其他社会主体联系频率频繁的企业也更适合持有政府引导基金。

最后，本书对社会资本、知识资本与政府引导基金持股三者之间的关系进行研究，得出结论：①社会资本与政府引导基金持股呈正相关；②知识资本与政府引导基金持股呈正相关；③在加入知识资本之后，社会资本对政府引导基金持股的影响更显著，知识资本在社会资本与政府引导基金持股间起调节作用。本书认为企业应该重视社会资本的作用，努力扩大外部网络，从而可以更好地掌握行业内的市场变化情况，提高公司的外部感知能力，构建长期稳定的外部网络关系。企业还该重视知识资本的作用，努力拓宽内部网络。政府应该适当放宽政府引导基金的地域限制,根据当地的实际情况,适当结合当地的其他投资方式如民间资本等,审慎考虑,建立合适的风险补偿机制,从而提高更多资本的投资积极性,吸引更多的优质项目。同时需要加强基金的运营效率,建立合适的进入和退出机制,以消除资本的后顾之忧。

第四篇

政府引导基金投资的配置效应研究

11 政府引导基金的投资效率评价

随着中国经济发展进入新常态，经济总量的增长已经不再是主要追求的目标，而是将高质量发展作为关注重点，供给侧改革成为经济稳定发展和改革的重中之重。为应对新的发展形势、破解发展中的难题，推动政府引导基金的发展，以更多更好地撬动社会资本支持实体经济。在鼓励大众创业、万众创新，带动股权投资的政策背景下，我国政府引导基金进入了飞速发展阶段。在此背景下，本章以政府引导基金与受投资企业作为研究对象，站在政府引导基金的政策性目标与经营性目标实现的角度，采用 DEA 模型定量对政府引导基金的投资效率进行评价，并运用多元线性回归模型验证政府引导基金投资规模、企业资产规模、反映企业经营状况的各项收益数据及其增长率等对政府引导基金投资效率的影响，并针对实证结果为政府引导基金投资效率的提升提出相关建议，为政府引导基金更好的发展提供理论参考。

11.1 政府引导基金投资效率评价指标体系构建

当前，关于政府引导基金的绩效评价已经积累了丰富的研究成果，为本章的研究提供了充足的理论参考。例如，刘晓玲和孙彬等（2018）从政策效益指标、经济效益指标、管理效益指标出发，并利用德尔菲法计算指标权重以此建立相关评价体系；朱立群和李朝晖（2015）认为创业投资基金的投资效率评价应以合规性为主，兼顾效益性，因而选择了杠杆比率、扶持比率、研发投入等指标作为评价标准；刘春晓、刘红涛和孟兆辉（2015）基于平衡计分卡原理设计了包括财务维度、客户维度等五个维度在内的评价体系。本书结合前人的研究经验，本着简易可行，指标全面、可靠、可计量的原则，从预期政策效果的实现与企业经营发展状况出发，构建较为客观、全面、有效的评价指标体系。

（1）政府预期的政策效果。政府引导基金从性质上讲属于政策性专项资金，不以盈利为目的，政府引导基金成立的主要目的在于吸引社会资金投入新兴产业领域，从而发挥出财政资本的政策导向功能与引导效应。从这一方面看，政府引导基金设立的最终目的在于政府预期政策目标的实现。所以，对政府引导基金进行投资效率评价时其政策效果的实现情况应最先得到关注。

政府通过基金管理机构将政府投资注入到新兴产业领域之中，协助企业渡过初创发展阶段，促进相关产业发展，间接表明国家发展方向与立场，进而为促进供给侧结构性改革贡献力量。另外，政府引导基金通过表明立场直接为相关产业领域甚至个别企业注资增信，从而吸引除中央政府外的其他资本进入。因此，政府引导基金的政策效果的实现可从以下两个方面评价：

第一，政府引导基金引导作用的发挥程度。政府引导基金引导作用主要体现在两个方面，从宏观上看是政府预扶持产业领域的提升发展状况，例如，新兴产业、高新技术产业以及某些特定产业等；从微观上看则是政府引导基金引导社会资本投入指定产业领域，对"市场失灵"问题予以应对，为政府引导基金政策目标的实现提供支持。基于此，本书认为政府引导基金的引导作用是否得到有效发挥能够体现政府引导基金的运行效果。

第二，吸引社会资本投资的能力。在引导投资机构与社会资本投资倾向的同时，政府引导基金也放大了中央政府资金，通过国家的注资增信来吸引更多的资金流入指定产业领域，极大地提高了投资机构与受投资企业可用资金，进而提升政府引导基金的政策效果。因此，政府引导基金对于社会资本吸引力的强弱是用于衡量其投资效率高低的重要标准之一。

（2）受投资企业经营效果。为了更好助力指定产业领域的发展，政府引导基金不以盈利为目标，但政府引导基金的运作体现市场化，政府引导基金是有偿运行，这与政府拨款、贴息等无偿方式运作截然不同。从这一角度来看，投资机构与受投资企业相关经营目标的达成间接实现了政府引导基金的盈利，经营收益额也成为评价政府引导基金投资效率的必要指标之一。因此，对于受投资企业经营效果的实现可从以下两个方面评价：

第一，受投资企业的经营能力。政府引导基金的扶持对象主要集中在新兴产业领域，且绝大多数企业处于初创期、成长期，基金管理机构需要在基数庞大的企业中找到具有潜力，拥有良好发展前景的企业。这类企业自身具有很好的盈利性和发展潜力，同时也能够保证政府引导基金的资金安全性，进而实现政府引导基金的政策目标。因此，接受注资受企业的经营能力高低与政策目标的实现与否有着密切关系，同时也是衡量政府引导基金投资效率的指标之一。

第二，受投资企业收益指标变化。受投资企业各项收益增长率提高表示企业接受政府引导基金前后企业经营状况形成鲜明对比，从另一个侧面衬托出政府引导基金对企业的助力效果，进而起到对创投基金投资效率评价的作用。

11.2　样本数据来源及原始数据说明

当前国内政府引导基金的运作方式以参股支持为主，即政府自身不直接参与机构投资，不干预受投资企业资金使用，采用政府引导基金与基金管理机构相分离的市场化运作方式。

通过查找资料，本书在清科私募通数据库收集到我国 2018 年 1 月 1 日至 2021 年 12 月 31 日 748 条投资记录，其中参股支持模式下的政府引导基金的子基金投资记录 89 条。企业选择 IT、金融、先进制造、医疗健康等新兴产业领域的新三板上市企业，利用企业上市招股说明书、企业年报及数据库软件对企业的经营数据进行进一步数据搜索、筛选工作。投资规模数据来源于新三板网站公布的企业、公司报告；企业资产规模通过数据计算所得；营业利润、营业利润增长率、利润总额、利润增长率、净利润总额、净利润增长率等指标数据来自各企业在接受政府引导基金投资当年的年度财务报表或首次公开上市招股说明书。数据缺失项为企业未公布或无法计算得到，政策性项目指标中的"投入指定领域金额"与"吸引的社会投资额"由于政府出资额数据缺失导致无法计算。因而本书最终在参股支持模式政府引导基金子基金投资记录中选取数据披露相对较为全面的 43 家企业进行实证研究，设置的评价指标及指标含义如表 11-1 所示。

表 11-1　政府引导基金投资效率评价指标

序号	评价指标	指标含义
1	投资规模	政府引导基金对企业的投资总额，反映了引导基金的政策导向功能
2	企业资产规模	受投资企业在接受投资时拥有的总资产，用于测算受投资企业规模大小
3	营业利润	受投资企业盈利能力、未来发展能力等方面的直接体现
4	利润总额	
5	净利润	
6	营业利润增长率	收益增长率指标，体现了受投资企业在接受投资后经营状况的变化
7	利润总额增长率	
8	净利润增长率	

11.3　政府引导基金投资效率评价研究

11.3.1　DEA 模型简介

DEA 模型是一种基于线性规划的用于评价同类型组织（或项目）工作绩效相对有效性的特殊工具，借助于数学规划和统计数据确定相对有效的生产前沿面，将各个决策单元投影到 DEA 的生产前沿面上，并通过比较决策单元偏离 DEA 前沿面的程度来评价它们的相对有效性。其主要优点在于能够对多个投入、产出变量的规模有效性和技术有效性进行有效评价，并且能有效排除评价过程中的主观性。

本书选择 DEA-C2R 模型，用于评价决策单元是否达到技术有效和规模有效。假设有 n 个决策单元，每个决策单元有 m 种类型的输入，p 种类型的输出，$Xj = (x1j, x2j, \cdots, xmj)T$，$Yj = (y1j, y2j, \cdots, ypj)T$ 分别为第 j 个决策单元的输入及输出向量，$j = 1, n(1, n$ 表示 $1, 2, \cdots, n)$。则这 n 个决策单元带有参数的 C2R 模型为：

$$D_{c^2R} = \begin{cases} \min\theta \\ \sum_{j=1}^{n} \lambda_j x_{ij} \leqslant \theta x_{i0}, \ i = 1, 2, \cdots, m \\ \sum_{j=1}^{n} \lambda_j y_{rj} \geqslant y_{r0}, \ r = 1, 2, \cdots, p \\ \lambda_j \geqslant 0, \ j = 1, 2, \cdots, n \end{cases}$$

11.3.2 数据样本的选取与处理

DEA 模型的使用对于选取的数据主要有两点要求：第一点，投入与产出指标分类明确，进行分析时应明确有几项投入指标，几项产出指标；第二点，所有投入、产出指标数值应为正数。

同时，在进行 DEA 分析的过程中，还要注意投入、产出指标选择的数量要适当；指标数量不宜过多且具有代表性，以此避免无效评价单元的产生；指标能够满足评价要求，实现评价目的。因此，本书在使用 DEA 模型分析之前需要对收集的数据进行选取与处理工作。

首先，进行指标处理分类，投资规模与企业资产规模是企业生产、研发以及正常运行必要条件，因而将其列为投入指标；经济效益指标及其增长率应则反映了企业在接受投资当年的盈利情况以及盈利增长情况，因此应作为产出指标。其次，使用 SPSS 数据分析软件检验收集、录入的数据是否正确，排除包括极端值在内的各种不合常理的数据。再次，使用 SPSS 将剩余的合规数据进行"标准化处理"。最后，针对标准化处理后的数据使用 DEAP 软件进行各项效率指标分析。

11.3.3 实证评价与结果分析

政府引导基金的 DEA 效率分为综合效率、技术效率和规模效率，具体而言，政府引导基金的 DEA 效率评价结果如表 11-2 所示。

表 11-2 政府引导基金的 DEA 效率评价结果

投资事件序号	综合效率	技术效率	规模效率	
1	0.151	0.716	0.212	drs
2	0.379	0.945	0.401	drs
3	0.676	0.998	0.677	drs
4	0.095	0.864	0.110	drs
5	0.074	0.775	0.096	drs
6	0.925	1.000	0.925	drs
7	0.054	0.750	0.072	drs
8	0.087	0.750	0.116	drs
9	0.149	0.895	0.167	drs

续表

投资事件序号	综合效率	技术效率	规模效率	
10	0.186	0.941	0.197	drs
11	0.209	0.901	0.232	drs
12	0.186	0.936	0.198	drs
13	0.229	0.936	0.244	drs
14	0.339	0.973	0.348	drs
15	0.193	0.759	0.254	drs
16	1.000	1.000	1.000	—
17	0.306	1.000	0.306	drs
18	0.810	0.936	0.865	drs
19	0.164	0.895	0.184	drs
20	1.000	1.000	1.000	—
21	0.041	0.740	0.056	drs
22	0.229	0.875	0.262	drs
23	0.550	0.914	0.601	drs
24	0.131	0.990	0.132	drs
25	0.095	0.950	0.100	drs
26	0.185	0.924	0.201	drs
27	0.174	0.965	0.180	drs
28	0.088	0.952	0.092	drs
29	0.082	0.952	0.087	drs
30	0.265	0.957	0.277	drs
31	0.138	0.798	0.173	drs
32	0.521	1.000	0.521	drs
33	0.098	1.000	0.098	drs
34	0.148	0.879	0.169	drs
35	0.118	0.840	0.141	drs
36	0.989	0.996	0.994	drs
37	0.080	0.852	0.094	drs
38	0.727	0.950	0.765	drs
39	0.555	0.830	0.670	drs
40	0.165	0.937	0.176	drs
41	0.331	0.883	0.375	drs
42	0.199	0.784	0.254	drs
43	1.000	1.000	1.000	—
效率指标均值	0.328	0.905	0.349	

在综合效率方面，25 只政府引导基金共投资了 40 家企业，综合效率均值为 0.328，其中只有 13 只达到了投资的综合效率有效，根据 DEA 指标理论：综合效率=技术效率×规模效率，可以看出达到综合效率有效的基金在投资规模的抉择上有着较合适的投入，而且所选择的企业在对资金的利用上也做到了有效可行，从而使政府引导基金的政策目标以及企业的经营目标都得到了相应的实现。同时我们还可以看到数据中绝大多数样本的不足：综合效率不足，相应目标没有得到较好的实现，政府、基金管理机构的投入与企业盈利产出不匹配。根据理论公式，需要进一步从技术效率与规模效率入手，来寻找导致大多数企业综合效率不高的原因。

由 DEA 分析理论可知，技术效率（vrste）是企业由于管理、技术等因素影响的生产效率，反映了企业的管理经营水平。从表 11-2 可以看出，本书选取的样本在技术效率方面表现较为优异，25 只政府引导基金的技术效率指标均值为 0.905。由此可知，导致样本综合效率指标值不足的主要原因应该是从规模效率指标着手分析的。

在前述的分析中，已知样本的政府引导基金综合效率较低的原因主要是规模效率导致的，这 25 只基金的规模效率均值仅为 0.349，与技术效率的均值 0.905 相比差距巨大。根据 DEA 指标分析理论可知，规模效率衡量的对象是在投入量最优时的政府引导基金经营能力。表明在本书所选取的样本里，政府引导基金在投资规模方面与受投资企业的基金运作绩效方面能力不足是制约着政府引导基金作用发挥的重要因素。所以规模效率指标目前仍有较大的提升空间，对所选取的样本投资规模的决策方案仍有待改善，受投资企业对接受的资金的使用决策还有待完善。

11.4　政府引导基金投资效率影响因素分析

11.4.1　模型建立与样本数据选择

本章为分析政府引导基金投资效率的影响因素，最先考虑模型中被解释变量与解释变量的选取，选择 DEA 指标分析中能够综合反映投资效率高低的综合效率指标作为因变量，选择包括投资规模等在内的评价指标作为自变量。最终变量选取如表 11-3 所示。

表 11-3　多元线性回归变量选取

被解释变量（Y）	解释变量（X_i）
综合效率评价值	投资规模
	企业资产规模
	营业利润
	利润总额
	净利润
	营业利润增长率
	利润总额增长率
	净利润增长率

11.4.2　多元回归分析

（1）各项检验及说明。本章的研究采取多元线性回归的模型构建方式，对所选择的变量进行各项检验，检验结果如表 11-4 所示。

表 11-4　检验模型汇总

模型	R^2	F	df1	df2	Sig. F	Durbin-Watson
	0.645	6.364	8.000	28.000	0.000	2.176
a. 自变量：投资规模、企业资产规模、收益额、收益额增长率						
b. 因变量：综合效率						

由表 11-4 可知，本书最终建立的模型检验结果如下：模型拟合度判定系数 R^2 值为 0.645，表明拟合程度较优秀，所建立的模型能够表达出变量的变化情况，即解释变量（自变量）能够较为充分地描述被解释变量（因变量）。Durbin-Watson 值为 2.176，介于 1.8~2.2，并认为随机误差不存在自相关关系。

综合上述分析，依据本书选取的指标建立的多元线性回归模型较为显著，自变量与因变量存在明显的线性关系，同时随机误差项不存在自相关关系。因此，本书根据此模型来分析政府创投基金投资效率的影响因素。

（2）回归系数及检验。各解释变量相关系数如表11-5所示。

表11-5　系数及各项检验

模型1	非标准化系数		标准系数		
	B	标准误差		t	Sig.
（常量）	0.647	0.070		9.231	0.000
投资规模	−1.359	0.000	−0.611	−4.298	0.000
企业资产规模	−2.938	0.000	−0.154	−0.824	0.417
营业利润	−1.052	0.000	−0.850	−0.457	0.651
营业利润增长率	0.049	0.029	0.276	1.688	0.103
利润总额	3.281	0.000	2.678	1.106	0.278
利润总额增长率	−1.368	0.850	−4.423	−1.610	0.119
净利润	−2.785	0.000	−1.890	−1.748	0.091
净利润增长率	1.434	0.847	4.628	1.693	0.082

a. 因变量：综合效率

从表11-5中各项自变量的系数及其Sig（P值）检验结果可知，引入模型中的8个自变量分别为投资规模、企业资产规模、营业利润、营业利润增长率、利润总额、利润增长率、净利润总额以及净利润增长率。"投资规模"与"净利润"的Sig小于0.1，表明对因变量有较显著影响。

本章最终分析得到的回归方程为：

引导基金综合效率＝−1.359×投资规模−2.785×净利润＋1.434×净利润增长率＋0.647

11.4.3　回归结果分析

（1）投资规模。从表11-5可以看出，在最终的回归模型中，投资规模指标是政府引导基金综合效率高低的重要影响因素之一。投资规模指标系数为−1.359，表明投资规模指标与综合效率成反比，投资规模为综合效率带来的是反向影响，即投资规模越大综合效率反而越小。这一结论看似与常理背道而驰，但根据前文分析可知，投资规模直接代表了政府、创投机构对企业的资金投入，产生这样的结果主要是由于政府、投资机构对企业的投入与投资机构、企业自身经营能力、发展能力、资金利用能力等方面不匹配造成的。企业自身相关能力有限，过多的资金投入反而成为企业综合效率评价的累赘，造成综合效率评价降低。

（2）收益指标。从表 11-5 可以看出，净利润与净利润增长率同样是综合效率的重要影响因素，二者指标系数分别为-2.785 和 1.434，同样的产出指标类型对于综合效率指标的影响却是相反的。本书认为造成这种结果的主要原因在于所选择的企业接受投资的周期较短。在前文中已说明，本书所选取的投资事件主要集中在 2021 年第一季度（1~3 月），而最终用于评价的原始数据截至 2021 年12 月 31 日，大部分企业在短暂的三个季度内可能无法做出合理有效的资金使用决策，因此产出指标"净利润"无法与基数庞大的投入量相匹配；而反观"净利润增长率"这一相对值指标对综合效率影响为正向，表明在短期内受投资企业的经营状况的确出现了改善。这也预示着在未来的时间里，如果投资机构的管理与企业经营决策得当，政府引导基金的综合效率大概率会有极大的提升与改善。

11.5　研究结论

本书通过查阅文献资料，建立了包括投资规模、企业规模等在内的 8 个评价指标，并利用 DEA-C2R 模型对我国 25 只参股支持模式下的政府引导基金子基金的投资记录展开实证研究。根据实证分析结果，为找出对政府引导基金投资效率的主要影响因素，本书进一步利用多元线性回归分析方法搭建出包括投资规模、企业规模等四个方面变量在内的回归方程，发现政府引导基金投资规模、净利润以及净利润增长率的影响最重要。通过分析各变量影响因素，得出政府引导基金投资效率提高的建议措施。就当下国内政府创业投资引导基金发展情况来看，未来政府引导基金必然在国内基金投资中有一席之地，但发展的同时也面临着诸多问题与挑战，我们应正视眼下所存在的问题，从政府、投资机构、受投资企业等多方面展开创新，放宽投资限制，提升各方管理水平，增强机构与企业基金管理能力，提升基金运作效率，从而促进政府引导基金越走越远，进而推动我国供给侧结构性改革，推动我国经济发展。

12　政府引导基金投资与企业绩效

政府引导基金起源于1958年美国小型企业投资公司（SBIC），这是美国小型企业管理局首次建立的政府引导基金，美国在线、英特尔、苹果电脑、联邦快递等全球著名的创新企业，都从该项目中受益。另外，国外的政府引导基金也有较为成熟的经营经验，各自有自己的特点，目前已形成三种不同的投资模式。在国内，政府引导基金并不是一件新鲜事。中国于2002年设立了中关村创业投资引导基金，自此，无论是中央还是地方，都开始积极探索建立和使用政府引导基金，尤其是2008年以后，为了适应全球金融危机，加快产业结构调整，政府引导基金得以迅速发展。政府引导基金采取结构化、夹层化的结构，以金融资金为导向，实现杠杆作用；投资范围上，政府引导基金形成了支持创新创业、中小企业发展、产业升级、基础设施建设和公共服务等产业发展的政策。有统计显示，截至2021年底，我国已建立了超过1600只政府引导基金，各级各类基金的总规模超过10万亿元。本章将实证分析政府引导基金投资对企业绩效的影响。

12.1　理论分析与研究假设

12.1.1　理论分析

（1）政府引导基金的系统的复杂性和目标的多元性。根据政府引导基金的作用和投资范围，可以分为产业引导基金、创业基金以及其他类型（以购买力平价为主）。其中，产业引导基金的比重最大，而其他类型的投资比例则相对较低，这三种类型的基金所投资的行业、企业的发展阶段、投资目的也各不相同。根据政府出资水平的不同，投资基金大致可以分为两类：中央一级和地方一级。我国地方政府创业引导基金是我国起步较早、发展迅速、规模最大的地区，因此，全国政府引导基金的整体数量不多，但整体规模却很大。我国目前的政府引导基金组织形式主要有公司制、有限合伙制、契约制等，它们都有各自的优势和劣势，而利益是公司选择公开环境信息的最直接的内在动机。在股东及其他利益相关方日益重视生产所带来的负面效应时，特别是与公司有直接关系的各方往往对公司的社会责任披露问题给予了更多的关注。目前，许多公司已经认识到，积极履行社会责任对债权人、消费者和相关部门都是有益的，不仅有助于提高公司的经营绩效，而且可以提高企业的资产回报率和股东权益报酬率。

政府引导基金在实际运行时，更加重视财务效益的实现，如果企业能够在项目实施后获得更多的利润，促进企业更好地发展，那么政府引导基金也实现了自身价值。与单纯追求利益最大化的私募股权投资不同，政府引导基金追求的是政策效益、经济效益和社会效益的三足鼎立。无论从财政资金还是社会资本等方面看，我国政府引导基金对实现民间资本效益最大化、放大产业政策效果、推动区域产业发展等都有推动作用。

（2）政府引导基金的杠杆放大效应。在过去的很长时间里，政府对传统产业的支持方式大多是以无偿补助、贴息为主，然而这种支持方式受到社会大众的批评与指正，存在政府补助随意性强、重点企业获得充足资金的可能性低等问题，不仅无法达到预期的补贴使用效率和效果，还会引起权力寻租和贪污腐败。在这一背景下，为解决困扰政府与企业的长期问题，政府引导基金应运而生。政府引导基金从不经过筛选与程序认定、不需要回报的资金补助变成按照一定的标准与目标、需要反馈的补助引导，由"分散"向"集中"，由"行政化"向"市场化、专业化"转变，既可以压缩依赖财政补贴的僵尸企业的生存空间，也可以推进资源的整合，以实现政府的政策目标和企业的盈利目标，达到政府与企业双赢的局面，实现财政资金的预期，有利于中小企业的创新，有利于促进产业政策的实施，改善投资质量，减少权力寻租，预防腐败，减少政府干预。同时，利用市场化的退出机制，可以实现财政资金的良性循环，提高资金的利用与运行的有效性。

作为一种制度设计和财政支出创新的支撑，政府引导基金按照市场化的方式运行，盘活了财政存量的资金，把财政资金的倍增效应放大，把原本处于观望状态的金融资本和社会资本吸引到这里，使得政府的财政资金发挥了更大的杠杆作用，提高创投资本的供给，吸引更多的社会资本。该方法有效地帮助了缺乏资金的弱势企业解决由于市场分配不均衡导致的市场失灵问题。对一些初创公司在成长期和成熟期的投资上的不足，可以对其进行投资。孙雯、张晓丽和邱峰（2017）发现，按照深圳股票市场的经验，从理论上讲，政府投入的部分资金可以增加 10 倍，对企业的资本有提高作用。同时，也可以为社会资本提供投资方向、拓展投资空间、保持金融资金的小规模经营，在投资市场中起到引导作用，从而促进了投资市场的健康与活力。

12.1.2 研究假设

在募集资金行为上，党兴华（2015）等发现，在政府"圈子"内，由政府主导的基金参与投资后，其后续募集资金将大幅增长。董建卫、王晗、施国平和郭立宏（2018）从失败容忍与激励两个角度分析了政府引导基金入股创业基金对公司创新的影响，发现以政府引导基金出资的创业基金，由低信用的创业基金管理人管理，或者是对高新技术企业进行投资时，亏损补偿对于公司的创新效果更为显著。程聪慧和王斯亮（2018）发现，由政府引导基金扶持的企业在创新产出上的确有较大的提高，这表明政府引导基金在微观层面上起到了一定的作用。于蔚和汪淼军等（2012）表示，通过引入政府引导基金，可以有效地弥补非国有资本的风险资本。Cumming（2014）在其研究报告中，对澳大利亚创业公司的创业投资进行了分析，得出结论：澳大利亚的创业公司大部分来自国家的财政拨款，其资金的运用受到了一定的制约。德国学者 Schilder（2009）指出，德国的政府引导基金既有政策性又有商业实质，还有其自身的特殊性。张慧雪、贾西猛和陈兰芳（2021）的实证分析显示，引导基金的投入对公司的经营业绩有明显的影响，其作用机理在于，引导基金的投入会抑制公司的内涵性成长。从特定的指标来看，引导基金的投入并不能增加公司的总资产；相反，公司的净销售额明显下降。徐明（2021）的实证分析显示，我国的引导基金运用与其政策意图相去甚远，无法找到恰到好处的投资时期，导致无法充分发挥投资效果。

Nightingale 和 Murray（2009）从微观角度考察了创业公司的发展与创新行为，并指出了其对创业公司业绩的影响。李宇辰（2021）利用人工建立的一套新的政府引导基金管理系统进行了实证研究，结果显示，政府引导基金在引导社会资本发挥杠杆作用的同时，对处于初创阶段和高科技领域的公司起到了很好的支撑作用。但是，在实际运作中，由于我国政府引导基金募集到的所有资金中，用于投资的资金比例较低，且存在较大的结余；区域发展的不平衡是地方政府产业基金的一大问题，并且，由于政府主导的投资比例较高，不能很好地落实市场运作的原则。

影响公司业绩的各种因素都很复杂，影响因素也很多。同时，由于高不确定性、高失败率和高信息不对称性，使得企业难以通过传统的融资渠道筹集到足够的资金。由于风险投资以投资回报最大化为主要目的，而创业投资风险高、投资周期长等特征使得风险投资项目往往以失败告终，其投资对象特征明显与风险投资机构评价方法相矛盾。李丹和贾宁等（2011）的实证分析表明，风险资本过分追求短期经营业绩，对公司的长远发展产生了负面的影响。建立政府引导基金，目的在于用有形之手来解决资源分配过程中出现的"无形之手"。

由于政府引导基金不能直接开展创业投资，它是以有限合伙人的形式投入到子基金中，以子基金为主体进行创业投资，因而与国有创业公司有着显著的不同。国企是纯粹的有形之手，而政府引导基金则是把政府的有形之手和市场之手相结合。一方面，用有形的手来处理市场的失效，引导社会资金，减轻新公司的融资制约，从而达到对创新创业的扶持作用；另一方面，用"无形的手"鼓励有实力的风投公司参与经营，通过市场化的手段，对企业的募、投、管、退全过程进行管理，从而有效地提升了政府的风险资本运作效率，以此招揽有实力的公司和投资者，政府也会给予一定的优惠。因此，该政府引导基金既具有国家支持的创业公司的长处，也具有独立创业资本的优势，既具有支撑创新的目的，又具有人力资本的优势，能够推动创业公司进行创新活动，从而使其经营业绩得到改善。

张维迎等（2005）、张同斌等（2012）从公司特性、行业因素、技术发展路径、制度因素和外部环境因素三个方面进行了分析，从人力资源、社会责任、研发与高管团队的结构特点等几个角度来分析企业成长过程中外部关系对公司成长的影响，但是很少涉及政府引导基金对公司成长绩效的影响。因此，作为影响我国上市公司发展的关键因素，政府引导基金一直是学术界所忽视、亟待解决的重大课题。

结合上述现有研究，以是否含有政府引导基金，通过一系列假设；研究对企业绩效的影响。其中创新绩效用绝对创新实力中企业发明专利增长速度来衡量，成长绩效用企业利润率来衡量。

（1）政府引导基金与企业创新绩效的研究假设。创新绩效是指企业在运用新技术、新手段后，给企业带来的价值。仲东亭和任浩（2021）对高新技术企业绩效影响因素的实证分析中指出，学术界对创新绩效的深入研究，将其划分为三个方面：①投入型指标，如研发投入绝对值、研发投入占销售收入比重等；②过程型指标，如专利数量、专利引用次数等；③产出型指标，包括新产品数量、新产品销售收入、新产品销售比重等。但是，用何种指标来衡量企业的创新业绩，目前学术界尚无统一的结论。首先，最具争议性的是过程型指标，本书还指出了我国的专利指标存在一些偏差和缺陷，比如，由于成本控制、知识产权意识等原因，很多中小微企业不愿主动申报，并且从申请到授权所需的时间都比较长，造成了严重的滞后效应。其次，投入型指标的有效性与效率都存在很大的不确定性，比如，我国每年的专利产量和质量与发达国家相比明显落后。产出型指标也有其自身的局限性，"黑箱"作用使研究人员很难追溯其业绩与技术贡献之间的关系。因此，在三个指标都存在缺陷的情况下，要根据不同的研究对象，选取适当的评价指标。本书从抽样特征出发，选择了以发明专利增长率为度量标准的方法。

普遍意义上认为，政府引导基金的加入，一定程度上给企业创新资本带来了底气，使得企业能够在创新方面投入更多的资本，从而促进创新绩效的提高，这是一个良性循环。但是，政府引导基金是否能真正发挥最大作用是受到多方面的因素影响的，其促进作用还不能肯定，因此，本书提出如下对立假设：

H12-1a：政府引导基金与企业创新绩效显著正相关。

H12-1b：政府引导基金与企业创新绩效显著负相关。

（2）政府引导基金与企业成长绩效的研究假设。企业的生存与发展离不开外部资源的支持。资源依附说指出，企业是一个社会组织，很难实现自身的资源自我维持，必须依靠外部环境来提供重要的资源，才能实现自身的生存与发展。与成熟的公司相比，小型初创企业仅依靠自身的资源很难维持自身的生存与发展，而积极地建立良好的外部联系，能够迅速地获得并运用外部的重要资源来解决自身的生存危机。企业要想获得企业的竞争优势，最先要认识并获得高质量的资源。Zhao 等（1995）对 6 个初创公司进行了实证分析，结果表明，通过与外部的关系，可以获得所需的资源与信息。其中，支持性关系是一种外在关系类型，而支持性关系则是指政府、有关机关的关心与各种政策支持。

在目前市场竞争日益加剧、不确定性较大的情况下，政府引导基金能够率先获取优质的外部资源，从而为公司的生存与发展提供先机。但政府引导基金必须通过对企业核心资源的获取与使用，去降低对外部资源的依赖性，来增强"造血"能力，才能推动企业的发展。因此，本书提出以下对立假设：

H12-2a：政府引导基金与企业成长绩效显著正相关。

H12-2b：政府引导基金与企业成长绩效显著负相关。

12.2 实证研究设计

12.2.1 样本选取及变量设计

（1）样本选取。本书通过对长三角、珠三角、京津冀三大经济圈的科技型中小企业的问卷调查，收集 550 家中小型高科技企业的相关数据，以研究政府引导基金投资对企业绩效的影响。

（2）变量设计。传统研究赞同度影响因素的方法是将赞同度简单地分为

"赞同"和"不赞同",这不利于区分企业对企业绩效现状评价的赞同度的差别,因此按企业对企业绩效现状评价的赞同度高低分为五个等级,即不赞同=1,不太赞同=2,一般=3,比较赞同=4,非常赞同=5。在此基础上,构建企业对企业绩效现状评价的赞同度的多元有序 logistics 回归模型。

变量选择上,在调查企业对企业绩效现状评价的赞同度时,以调查问卷中 550 家企业对企业绩效现状评价的赞同度(Y)作为被解释变量,为更好地区分企业对企业绩效现状评价的赞同程度,根据赞同度高低将企业绩效现状评价赞同度设置为五个层级,赋值情况为:$Y=1$,不赞同;$Y=2$,不太赞同;$Y=3$,一般;$Y=4$,比较赞同;$Y=5$,非常赞同。本书根据研究需要,关于企业绩效的类别有很多种,其成长绩效和创新绩效是最重要指标之一,选取创新绩效(IP)和成长绩效(GP)为被解释变量,其中创新绩效用绝对创新实力中企业发明专利增长速度来衡量,成长绩效用企业利润率来衡量;是否含有政府引导基金为解释变量,在 550 家中小型高科技企业中,当企业有政府引导基金投资时取值为 $GGF=1$,否则 $GGF=0$;研发投入比、企业规模、企业年龄、行业、年份为控制变量。

其中对于控制变量研发投入比的赋值情况为:$R\&D=1$,小于 2%;$R\&D=2$,2%~5%;$R\&D=3$,6%~10%;$R\&D=4$,11%~20%;$R\&D=5$,20%以上。对于控制变量企业规模的赋值情况为:$Size=1$,小于 30 万元;$Size=2$,30 万~200 万元(含 200 万元);$Size=3$,200 万~1000 万元(含 1000 万元);$Size=4$,1000 万~3000 万元(含 3000 万元);$Size=5$,3000 万元以上。对于控制变量企业年龄的赋值情况为:$Age=1$,1~5 年;$Age=2$,6~10 年;$Age=3$,11~15 年;$Age=4$,16~20 年;$Age=5$,21~25 年;$Age=6$,26~30 年;$Age=7$,30 年及以上。对于控制变量行业的赋值情况为:$Industry=1$,计算机、通信和其他电子设备制造业;$Industry=2$,汽车制造业;$Industry=3$,土木工程建筑业;$Industry=4$,软件和信息技术服务业;$Industry=5$,专业技术服务业;$Industry=6$,商务服务业;$Industry=7$,科技推广和应用服务业;$Industry=8$,互联网和相关服务;$Industry=9$,电信、广播电视和卫星传输服务;$Industry=10$,其他。对于控制变量年份的赋值

情况为：$Year = 1$，1970 年及以前；$Year = 2$，1971~1980 年；$Year = 3$，1981~1990 年；$Year = 4$，1991~2000 年；$Year = 5$，2001~2010 年；$Year = 6$，2011~2020 年；$Year = 7$，2021 年。

具体表述如表 12-1 所示。

表 12-1　变量名称及其符号

变量类型	变量名称	变量符号
被解释变量	创新绩效	IP
	成长绩效	GP
解释变量	是否含有引导政府引导基金	GGF
控制变量	研发投入比	$R\&D$
	企业规模	$Size$
	企业年龄	Age
	行业	$Industry$
	年份	$Year$

12.2.2　数据来源

本书通过对长三角、珠三角、京津冀三大经济圈的科技型中小企业的问卷调查，研究样本为 550 份问卷数据调查结果。选取的与本书研究方向相关的指标包括绝对创新实力、相对创新实力、企业利润率、市场份额增长速度、是否含有政府引导基金、研发投入比、企业规模、企业年龄、行业、年份。本书所收集到的数据，以 SPSS 软件为工具，并以有序多元 logistics 回归为手段进行分析。

12.2.3　模型构建

本书研究的是政府引导基金投资对企业绩效的影响，从 550 份问卷数据中涉及的企业进行分析，主要研究不同的公司有无政府引导基金投资对企业绩效的影响，基于上述分析构建 logistics 多元回归模型，检验政府引导基金与创新绩效、成长绩效之间关系情形。原因是：第一，企业绩效影响因素多于 2 个分类，且为有序分类变量，故采用有序多元的离散选择模型；第二，logistics 回归模型通常用于分析分类变量间的关系，预测受访者做出某个选择的概率。

本书对符号作出如下定义：

$P(Y=j)$ 为企业绩效现状评价为第 j 等级的概率，j=1、2、3、4、5；

$\dfrac{P(Y=j)}{P(Y=5)}$ 为企业绩效现状评价为第 j 等级对企业绩效现状评价为第 5 等级，即对企业绩效现状评价非常赞同的比率，这里以 $Y=5$ 作为参考分类；

基于以上符号定义与模型设立，可以将描述企业绩效的有序多元 logistic 模型设定为：

$$IP:\ \ln\left[\frac{P(Y\leqslant j)}{1-P(Y\leqslant j)}\right]=\alpha_0+\alpha_1 GGF+\alpha_2 R\&D+\alpha_3 Size+\alpha_4 Age+\alpha_5 Industry+\alpha_6 Year+\varepsilon$$

$$GP:\ \ln\left[\frac{P(Y\leqslant j)}{1-P(Y\leqslant j)}\right]=\beta_0+\beta_1 GGF+\beta_2 R\&D+\beta_3 Size+\beta_4 Age+\beta_5 Industry+\beta_6 Year+\varepsilon$$

其中，α_0、β_0 表示常数项，α_1 至 α_6、β_0 至 β_6 表示各个变量的回归系数，ε 表示残差项。

12.3 实证结果分析

12.3.1 描述性统计

表 12-2 显示的总样本（n=550）是主要变量描述性统计。分析描述性统计表能够发现，获得政府引导基金的企业只有两种情况：有和无，平均下来为 0.57，可见本次问卷调查中关于是否获得政府引导基金的企业大致相等，具有研究意义；创新绩效的平均数为 3.18，大致在 3，表示一般，证明不同的企业的发明专利增长速度一般，处于中等水平；成长绩效的平均数为 3.57，接近 4，表示比较赞同，证明不同的企业推出新产品、服务的速度与同行相比较快。在对控制变量的分析中，企业的年龄平均数为 2.56，年龄的平均数接近 11~15 年，年份的平均数为 5.52，年份的平均数接近 2011~2020 年，企业规模的平均数为 3.45，企业规模的平均数接近 200 万~1000 万元（含 1000 万元），研发投入比的平均数为 2.76，研发投入比的平均数接近 6%~10%，本书问卷调查的企业的年份、年龄、规模、行业、研发投入比都处于中等水平，本书的研究样本包括规模大和规模小的企业，有处于初创期的企业，也有发展很成熟的企业，所以样本代表性很强。

表 12-2　描述统计量

变量	最小值	最大值	均值	标准偏差
IP	1	5	3.18	1.024
GP	1	5	3.57	0.818
GGF	0	1	0.57	0.496
R&D	1	5	2.76	1.316
Size	1	5	3.45	1.088
Age	1	7	2.56	1.401
Industry	1	10	6.29	3.084
Year	1	7	5.52	0.695

12.3.2　相关性分析

分析表 12-3 相关性中关于变量皮尔逊相关性的分析结果能够发现，在置信水平为 1% 时，创新绩效（IP）与 GGF 的相关系数为 0.287，有显著的正相关关系，企业获得政府引导基金有利于企业发明专利的增长速度的提升，说明假设 1 成立，也就是 GGF 在置信水平为 1% 时对企业创新绩效（IP）倾向有显著的正相关影响；GGF 在置信水平为 1% 的相关系数为 0.200，对企业成长绩效（GP）呈正相关关系，政府引导基金有利于企业保持很高的市场份额，因而假设 2 是成立的。

控制变量中研发投入比（R&D）在 1% 水平上与企业创新绩效（IP）系数为 0.353，与企业成长绩效（GP）系数为 0.274，有相关关系，提示企业如果在进行经营活动时能提高企业的研发投入比，那么就能明显提高企业创新绩效和成长绩效水平。控制变量中企业规模（Size）对提高创新绩效（IP）和成长绩效（GP）也有正向作用，两个指标在置信水平为 1% 时相关系数为 0.219 和 0.214，可见关系为正相关，因为企业规模越高说明企业的资金越充足，企业对发明专利的投入越多，市场份额越高，一定程度上促进企业绩效的提高。控制变量中企业年龄（Age）与创新绩效（IP）系数为 0.090，与企业成长绩效（GP）系数为 0.133，呈正相关关系。但行业（Industry）与企业创新绩效（IP）和成长绩效（GP）在 1% 水平上相关系数分别为 -0.088 和 -0.900，呈负相关关系。年份

（Year）与创新绩效（IP）相关性不显著，和成长绩效（GP）在1%水平上相关
系数为-0.920，呈负相关关系。

表12-3　皮尔逊相关系数

	IP	GP	GGF	R&D	Size	Age	Industry	Year
IP	1							
GP	0.390**	1						
GGF	0.287**	0.200**	1					
R&D	0.353**	0.274**	0.411**	1				
Size	0.219**	0.214**	0.297**	0.407**	1			
Age	0.090*	0.133**	0.184**	0.184**	0.365**	1		
Industry	-0.088*	-0.090*	0.053	-0.130**	-0.043	0.015	1	
Year	-0.051	-0.092*	-0.186**	-0.134**	-0.353**	-0.892**	-0.013	1

注：**表示在0.01级别（双尾），相关性显著，*表示在0.05级别（双尾），相关性显著。

12.3.3　回归结果分析

运用SPSS对政府引导基金和企业创新绩效的影响进行了实证研究，并提出
了"比例优势"假设。如表12-4所示，P值为0.056，大于0.050，表明了在Y
的各类别中，各坡度系数都是相等的，符合有序多元逻辑"比例优势"的假定。
同时，由于在估算结果中存在一定的零频点，因此，采用似然比检验方法得到的
结果更加可靠。从表12-4可以看出，最终的模型具有0.000的P值，也就是说，
与只有截距的模型相比，最终的模型要好得多，所有的斜率系数估算值都不是
0，通过拟合验证。

根据有序多元logistic回归结果可知，以$GGF=1$为参照分类，$GGF=0$的IP
的OR值是$GGF=1$的IP的OR值的0.186倍，即以获得政府引导基金投资为参
照分类，未获得政府引导基金投资的企业其创新绩效高的比率是获得政府引导基
金投资的企业其创新绩效高的比率的0.186倍。也就是说，相对于获得政府引导

基金投资的企业而言，未获得政府引导基金投资的企业的创新绩效更低。

表 12-4　创新绩效—绝对创新实力与各变量的有序多元逻辑回归结果

参数	B	假设检验		Exp（B）
		Wald 卡方	Sig.	
[IP] = 1.00	-3.243	1.722	0.189	2.471
[IP] = 2.00	-1.609	0.425	0.515	2.468
[IP] = 3.00	0.462	0.035	0.851	2.467
[IP] = 4.00	2.454	0.988	0.320	2.469
[GGF] = 0	-0.763	16.849	0.000	0.186
[GGF] = 1	0ᵃ	—	—	—
[R&D] = 1	-1.312	15.752	0.000	0.331
[R&D] = 2	-0.633	4.065	0.044	0.314
[R&D] = 3	-0.316	1.277	0.258	0.280
[R&D] = 4	0.114	0.144	0.704	0.300
[R&D] = 5	0ᵃ	—	—	—
[Size] = 1	-0.881	1.971	0.160	0.628
[Size] = 2	-0.371	1.662	0.197	0.288
[Size] = 3	-0.469	3.860	0.049	0.239
[Size] = 4	-0.369	2.051	0.152	0.258
[Size] = 5	0ᵃ	—	—	—
[Age] = 1	1.295	0.382	0.537	2.095
[Age] = 2	1.444	0.474	0.491	2.096
[Age] = 3	1.843	0.807	0.369	2.051
[Age] = 4	2.082	1.034	0.309	2.047
[Age] = 5	2.375	1.460	0.227	1.966
[Age] = 6	2.276	1.297	0.255	1.998
[Age] = 7	0ᵃ	—	—	—
[Industry] = 1	0.529	3.480	0.062	0.284
[Industry] = 2	-0.716	1.507	0.220	0.583
[Industry] = 3	0.521	2.121	0.145	0.358
[Industry] = 4	0.308	1.089	0.297	0.295
[Industry] = 5	1.070	12.556	0.000	0.302

续表

参数	B	假设检验		Exp（B）
		Wald 卡方	Sig.	
［Industry］＝6	−0.419	2.850	0.091	0.248
［Industry］＝7	0.044	0.016	0.899	0.347
［Industry］＝8	0.141	0.137	0.711	0.380
［Industry］＝9	0.964	0.755	0.385	1.110
［Industry］＝10	0ᵃ	—	—	—
［Year］＝1	0.739	0.057	0.812	3.108
［Year］＝2	−0.417	0.018	0.893	3.104
［Year］＝3	0.281	0.010	0.920	2.806
［Year］＝4	−1.709	1.192	0.275	1.565
［Year］＝5	−1.236	0.763	0.382	1.415
［Year］＝6	−0.544	0.167	0.683	1.331
［Year］＝7	0ᵃ	—	—	—
（刻度）	1ᵇ	—	—	—
平行线检验	—	112.225	0.056	
似然比检验	—	132.783	0.000	

　　运用 SPSS 方法对政府引导基金与企业成长绩效的影响进行了分析，采用"比例优势"的有序多元逻辑回归，并对其进行平行检验。如表12-5所示，P 值为 0.548，表示可以接受 0 的假定，即在 Y 的各类别中，各坡度系数均相等，符合有序多元逻辑"比例优势"的假定。同时，由于在估算结果中存在一定的零频点，因此，采用似然比检验方法得到的结果更加可靠。从表14-5可以看出，最终的模型具有 0.000 的 P 值，也就是说，与只有截距的模型相比，最终的模型要好得多，所有的斜率系数估算值都不是 0，通过拟合验证。

　　根据有序多元 logistic 回归结果可知，以 $GGF=1$ 为参照分类，$GGF=0$ 的 GP 的 OR 值是 $GGF=1$ 的 GP 的 OR 值的 0.186 倍，即以获得政府引导基金投资为参照分类，未获得政府引导基金投资的企业其成长绩效高的比率是获得政府引导基金投资的企业其成长绩效高的比率的 0.186 倍。也就是说，相对于获得政府引导基金投资的企业而言，未获得政府引导基金投资的企业的成长绩效更低。

表 12-5 成长绩效—利润率与各变量的有序多元逻辑回归结果

参数	B	假设检验		Exp（B）
		Wald 卡方	Sig.	
[IP] = 1.00	−3.624	1.982	0.159	2.574
[IP] = 2.00	−0.986	0.147	0.702	2.573
[IP] = 3.00	1.435	0.311	0.577	2.573
[IP] = 4.00	3.299	1.645	0.200	2.573
[GGF] = 0	−0.484	6.757	0.009	0.186
[GGF] = 1	0ᵃ	—	—	—
[R&D] = 1	−0.600	3.318	0.069	0.330
[R&D] = 2	−0.643	4.137	0.042	0.316
[R&D] = 3	−0.205	0.534	0.465	0.280
[R&D] = 4	0.283	0.891	0.345	0.300
[R&D] = 5	0ᵃ	—	—	—
[Size] = 1	−0.608	0.894	0.344	0.644
[Size] = 2	−0.300	1.061	0.303	0.292
[Size] = 3	0.141	0.346	0.556	0.240
[Size] = 4	−0.257	0.979	0.322	0.259
[Size] = 5	0ᵃ	—	—	—
[Age] = 1	2.372	1.145	0.285	2.217
[Age] = 2	2.579	1.351	0.245	2.218
[Age] = 3	3.689	2.872	0.090	2.177
[Age] = 4	3.773	3.017	0.082	2.172
[Age] = 5	3.730	3.174	0.075	2.094
[Age] = 6	3.969	3.490	0.062	2.125
[Age] = 7	0ᵃ	—	—	—
[Industry] = 1	−0.076	0.070	0.791	0.286
[Industry] = 2	−0.632	1.103	0.294	0.602
[Industry] = 3	0.426	1.402	0.236	0.360
[Industry] = 4	−0.051	0.029	0.865	0.298
[Industry] = 5	0.591	3.838	0.050	0.301

续表

参数	B	假设检验		Exp（B）
		Wald 卡方	Sig.	
［Industry］ = 6	−0.049	0.037	0.847	0.252
［Industry］ = 7	0.041	0.014	0.907	0.350
［Industry］ = 8	0.351	0.842	0.359	0.382
［Industry］ = 9	1.478	1.759	0.185	1.115
［Industry］ = 10	0^a	—	—	—
［Year］ = 1	0.825	0.066	0.798	3.223
［Year］ = 2	0.762	0.056	0.813	3.219
［Year］ = 3	1.645	0.320	0.571	2.907
［Year］ = 4	−1.673	1.135	0.287	1.570
［Year］ = 5	−1.834	1.670	0.196	1.419
［Year］ = 6	−0.846	0.403	0.526	1.333
［Year］ = 7	0^a	—	—	—
（刻度）	1^b	—	—	—
平行线检验	—	87.719	0.548	—
似然比检验	—	71.627	0.000	—

12.3.4　稳健性检验

为了克服测量误差，采用相对创新能力（推出新产品、服务的速度）来替代创新绩效中的绝对创新能力（企业发明专利增长速度），用市场份额增长速度替代企业利润率重新回归，回归分析表明，替代变量的测定不会对原始结论的稳健性产生影响。

运用 SPSS 对政府引导基金和企业创新绩效的影响进行了实证研究，并提出了"比例优势"假设。如表 12-6 所示，P 值为 0.136，大于 0.050 则表明，在 Y 的各类别中，各坡度系数都是相等的，符合有序多元逻辑"比例优势"的假定。同时，由于在估算结果中存在一定的零频点，因此，采用似然法进行计算时，其稳定性较好。从表 14-6 中可以看出，最后的模型具有 0.000 的 P 值，也就是说，与只有截距的模型相比，最后的模型要好得多，所有的斜率系数估算值都不是

0，通过拟合验证。

根据有序多元 logistic 回归结果可知，以 $GGF=1$ 为参照分类，$GGF=0$ 的 IP 的 OR 值是 $GGF=1$ 的 IP 的 OR 值的 0.23 倍，即以获得政府引导基金投资为参照分类，未获得政府引导基金投资的企业其创新绩效高的比率是获得政府引导基金投资的企业其创新绩效高的比率的 0.230 倍。也就是说，相对于获得政府引导基金投资的企业而言，未获得政府引导基金投资的企业的创新绩效更低。

表 12-6 创新绩效—相对创新实力与各变量的有序多元逻辑回归结果

参数	B	假设检验		Exp（B）
		Wald 卡方	Sig.	
[IP] = 1.00	0.435	0.031	0.86	2.469
[IP] = 2.00	1.957	0.626	0.429	2.473
[IP] = 3.00	4.111	2.744	0.098	2.482
[IP] = 4.00	6.666	7.200	0.007	2.484
[GGF] = 0	−0.225	1.442	0.23	0.187
[GGF] = 1	0ᵃ	—	—	—
[$R\&D$] = 1	−1.170	11.992	0.001	0.338
[$R\&D$] = 2	−0.442	1.885	0.170	0.322
[$R\&D$] = 3	−0.225	0.610	0.435	0.289
[$R\&D$] = 4	0.026	0.007	0.932	0.310
[$R\&D$] = 5	0ᵃ	—	—	—
[$Size$] = 1	−1.232	3.743	0.053	0.637
[$Size$] = 2	−0.635	4.591	0.032	0.296
[$Size$] = 3	−0.460	3.498	0.061	0.246
[$Size$] = 4	−0.447	2.830	0.092	0.266
[$Size$] = 5	0ᵃ	—	—	—
[Age] = 1	3.007	2.030	0.154	2.110
[Age] = 2	3.126	2.190	0.139	2.112
[Age] = 3	3.928	3.618	0.057	2.065
[Age] = 4	4.460	4.679	0.031	2.062
[Age] = 5	4.007	4.112	0.043	1.976

续表

参数	B	假设检验		Exp（B）
		Wald 卡方	Sig.	
［Age］=6	4.484	4.961	0.026	2.013
［Age］=7	0ᵃ	—	—	—
［Industry］=1	0.258	0.789	0.375	0.290
［Industry］=2	0.601	0.996	0.318	0.602
［Industry］=3	0.330	0.819	0.365	0.364
［Industry］=4	0.426	1.978	0.160	0.303
［Industry］=5	0.964	9.709	0.002	0.309
［Industry］=6	0.336	1.769	0.183	0.253
［Industry］=7	0.206	0.333	0.564	0.357
［Industry］=8	0.642	2.668	0.102	0.393
［Industry］=9	1.061	0.869	0.351	1.138
［Industry］=10	0ᵃ	—	—	—
［Year］=1	4.204	1.809	0.179	3.126
［Year］=2	5.803	3.360	0.067	3.166
［Year］=3	4.601	2.647	0.104	2.828
［Year］=4	0.596	0.145	0.704	1.566
［Year］=5	0.771	0.299	0.584	1.409
［Year］=6	1.797	1.851	0.174	1.321
［Year］=7	0ᵃ	—	—	—
（刻度）	1ᵇ	—	—	—
平行线检验	—	104.811	0.136	—
似然比检验	—	85.068	0.000	—

运用 SPSS 方法对政府引导基金对企业成长绩效的影响进行了分析，采用"比例优势"的有序多元逻辑回归，并对其进行平行检验。如表 12-7 所示，P 值为 0.762，大于 0.050，这表明，在 Y 的各类别中，各坡度系数都是相等的，符合有序多元逻辑"比例优势"的假定。同时，由于在估算结果中存在一定的零频点，因此，采用似然法进行计算时，其稳定性较好。从表 12-7 中可以看出，最终的模型 P 值是 0.000，也就是说，与只有截距离的模型相比，最终的模型要

好得多，所有的斜率系数估算值都不是0。

根据有序多元 logistic 回归结果可知，以 $GGF=1$ 为参照分类，$GGF=0$ 的 GP 的 OR 值是 $GGF=1$ 的 GP 的 OR 值的 0.004 倍，即以获得政府引导基金投资为参照分类，未获得政府引导基金投资的企业其成长绩效高的比率是获得政府引导基金投资的企业其成长绩效高的比率的 0.004 倍。也就是说，相对于获得政府引导基金投资的企业而言，未获得政府引导基金投资的企业的成长绩效更低。

表12-7　成长绩效—市场份额增长速度与各变量的有序多元逻辑回归结果

参数	B	假设检验		Exp（B）
		Wald 卡方	Sig.	
$[IP]=1.00$	-1.906	0.563	0.453	2.540
$[IP]=2.00$	-0.380	0.022	0.881	2.540
$[IP]=3.00$	2.701	1.128	0.288	2.544
$[IP]=4.00$	4.901	3.710	0.054	2.545
$[GGF]=0$	-0.534	8.124	0.004	0.187
$[GGF]=1$	0ᵃ	—	—	—
$[R\&D]=1$	-0.998	8.941	0.003	0.334
$[R\&D]=2$	-0.557	3.069	0.080	0.318
$[R\&D]=3$	-0.084	0.087	0.768	0.283
$[R\&D]=4$	0.020	0.004	0.948	0.303
$[R\&D]=5$	0ᵃ	—	—	—
$[Size]=1$	-0.584	0.831	0.362	0.640
$[Size]=2$	-0.437	2.228	0.136	0.293
$[Size]=3$	-0.140	0.336	0.562	0.242
$[Size]=4$	-0.014	0.003	0.957	0.261
$[Size]=5$	0ᵃ	—	—	—
$[Age]=1$	2.736	1.597	0.206	2.165
$[Age]=2$	2.964	1.870	0.171	2.167
$[Age]=3$	3.940	3.442	0.064	2.124
$[Age]=4$	3.864	3.327	0.068	2.118
$[Age]=5$	3.674	3.256	0.071	2.036

续表

参数	B	假设检验		Exp（B）
		Wald 卡方	Sig.	
［Age］=6	4.205	4.127	0.042	2.070
［Age］=7	0ᵃ	—	—	—
［Industry］=1	0.554	3.697	0.055	0.288
［Industry］=2	0.230	0.149	0.700	0.595
［Industry］=3	0.785	4.663	0.031	0.364
［Industry］=4	−0.250	0.700	0.403	0.299
［Industry］=5	0.882	8.367	0.004	0.305
［Industry］=6	−0.106	0.177	0.674	0.252
［Industry］=7	0.401	1.285	0.257	0.353
［Industry］=8	−0.159	0.171	0.679	0.385
［Industry］=9	1.993	3.101	0.078	1.132
［Industry］=10	0ᵃ	—	—	—
［Year］=1	2.538	0.633	0.426	3.191
［Year］=2	3.345	1.106	0.293	3.181
［Year］=3	1.937	0.452	0.501	2.881
［Year］=4	−0.993	0.387	0.534	1.595
［Year］=5	−0.785	0.296	0.586	1.443
［Year］=6	0.188	0.019	0.890	1.358
［Year］=7	0ᵃ	—	—	—
（刻度）	1ᵇ	—	—	—
平行线检验	—	80.145	0.762	
似然比检验	—	85.565	0.000	

12.4 研究结论

"创新是引领发展的第一动力，是建设现代化经济体系的战略支撑"。我们要以技术创新为先，以发展为先，以国家为中心，政府引导基金作为国家支持民营企业发展的重要专项资金，对于提高我国的国际竞争力，促进国家振兴具有重要意义。政府引导基金的主要功能就是充分发挥国家财政资金的投资放大功能，吸引更多民间资本的加入，提高创业投资的资金供给。随着社会的发展和科学技术的发展，政府引导基金在世界范围内的创新能力日益凸显，企业的领导创新能力需要相应的创业投资来支撑，而由国家出资引导基金进行高技术产业的开发，是一种非常有效的方式。因此，政府引导基金投资对公司经营业绩的影响具有重要意义，同时也表明了如何充分利用政府引导基金的功能，促进公司快速发展和创新。

本章通过对国内外相关研究的整理与总结，对相关的研究状况进行了解，并对影响企业绩效的途径和影响因素进行总结。综上所述，现有的研究在政府引导基金投资对企业绩效的影响方面的研究较少，更多的是把目光放在治理公司绩效体系以更好地发挥政府引导基金的作用上。所以，本书既有其必要性，又具有一定的现实意义。我国政府引导资金的结构指标很多，本章选取了其中最有代表性的一种，政府引导基金以是否引入来衡量企业绩效，并采用创新绩效和成长绩效来衡量，其中创新绩效以绝对创新能力和相对创新能力来度量，成长绩效用企业利润率和市场份额增长速度来度量。

本章研究样本取自针对长三角、珠三角、京津冀三大经济圈的 550 家中小型高科技企业问卷调查的情况，利用 SPSS 数据处理软件进行有序多元 logistics 回归分析，主要采取两个指标研究政府引导基金投资对企业绩效的影响。实证分析的研究结果表明，政府引导基金与企业创新绩效倾向显著正相关，政府引导基金与企业成长绩效倾向显著正相关。

根据以上实证研究结果，本书认为：

第一，明确政府引导基金的角色定位。在政府引导基金的实际运作中，要做到市场化运营，政府引导基金在成立和运营的过程中，要坚持不与民众竞争，要清楚自己的位置，让政府引导基金等政策在创业投资领域发挥应有的作用，这样才能凸显出政府引导基金的支持作用和成立初衷，这也是中国共产党为人民服务的重要体现。同时，我们还应当借鉴国外的成功经验，通过线上、线下多渠道充分调研政府引导基金的实施情况，通过多种途径，促使社会资本的参与得到充分的保证，使其能够更好地发挥其放大和导向作用。比如，我们可以从以色列的YOZMA 基金中吸取教训，厘清政府的角色，明确政府只是一个导向性的角色，政府仅仅担任有限合伙人，放弃管理权，由各出资方联合组建一支专门的管理队伍进行经营管理，保证基金的市场化运行。然后，在适当的时机下，采取一系列的退出机制，促进政府引导基金的健康发展。

第二，要为创新企业创造有利的政策环境。由国家设立的政府引导基金，其功能是吸引社会资金，是一种以高科技、战略性新兴产业为核心的创业型创业投资基金。引入政府引导基金，为创业公司的发展提供有利的环境，加强政策支持，进一步发挥其激励功能，进而推动其发展，是提高公司业绩的重要途径。具体而言，政府可以从各种途径全面了解创业企业的痛点和难点，为符合条件的企业提供资金和政策，其中包括减免房租、税收、科研经费、政府优先采购等。另外，通过搭建平台，整合资源，为创业者创造良好的创业环境，推动其持续发展。因为只有在企业发展的时候，政府引导基金才能真正起到引导的作用。

第三，加大对初创公司研究和开发的扶持。创新型企业的研发投入对其核心竞争力的提升具有举足轻重的作用，也是促进我国经济快速发展的重要原因。政府可以采取财政拨款、税收优惠和低息贷款等方式，鼓励符合条件的企业适当增加其研发投资比例。在实际的研究开发中，创业公司要注重科研投入，同时也要关注民间资本的作用与地位，出台相应的政策，以引导社会资金参与，消除各类体制障碍，提高创业公司对研发的积极性，保证其在技术上的投入不会受到损害，同时也要保护其合法权益，增强其创新能力。

13　政府引导基金投资与企业创新

随着国家大力支持创新的政策落地，政府引导基金近年来实现爆发性增长。具有一定研发、创新能力的高新企业是带动我国创新力不可小觑的一股力量。但由于高新企业本身具有的高风险、高收益的特点，在依靠市场配置资本的同时容易为市场失灵而带来"资金缺口"的问题。通过财政资金的作用设立政府引导性资金来缓解依靠市场配置创业投资资本失灵的问题，是各国政府支持创业创新的普遍做法。由于我国风险投资还处于发展阶段，在此背景下，政府引导基金尚未建成相对完善的理论体系，而且在现有理论中较少涉及从微观角度研究政府引导基金对企业创新的具体影响。这方面的研究对我国政府充分发挥引导基金作用、带动企业创新有着重要意义。本章以新三板定向增发公司为研究样本，对政府投资引导基金投资与企业创新的关系进行了实证检验。

13.1 理论分析与研究假设

近几年，随着政府引导基金在我国逐渐步入正轨，国内学者也开始实证分析引导基金在我国的运作实践，但对于得出创业投资基金对企业创新的影响效果结论并不统一。李涛等（2017）研究认知能力对中国人创业行为选择的影响，认为创新创业是特定制度环境下创业者的理性选择，宏观层面影响不容忽视。郭岩、郭迪和姜坤（2015）基于企业层面的面板数据，发现创新资金资助的企业比没有创新资金资助的相似企业在专利数量、新产品产值和出口方面有更好的表现。于2016年检验了科技型中小企业创新基金对企业全要素生产率的影响，发现创新基金对企业全要素生产率有促进效应。另外，在经济越不发达的地区，创新基金的作用越显著，说明市场失灵的情况下政府干预的有效性。然而，杨大楷和李丹丹（2012）发现我国政府引导基金在政策的实施过程中存在抑制风险投资发展的倾向。施钰（2013）通过调研发现政府引导基金对引导社会资本影响不大，其引导作用尚未得到有效发挥，就目前的发展阶段来看，政府引导基金还未与市场化的创业投资机构形成有效的协同合作关系。同样，房燕和鲍新中（2016）也得到了政府引导基金对创业投资资本的引导作用不明显，甚至在个别地区表现为挤出效应的研究结论。

放眼于各国创业投资政策实践，已经有许多国家在政府创业投资基金对企业的影响上做过研究及实践检验，但现有文献得出来的结论不尽相同。如德国的Tykova 和 Bertoni 以 1994~2004 年欧洲七国的数据为样本对政府创投与企业创新的关系进行研究，得出来的结论是政府单独创业投资不能对企业创新起到正向作用，政府创投与私人企业联合投资且由私人创业投资充当主投角色时才可以促进企业创新。但是，欧洲的 Safari 以 2000~2011 年 99 个国家数据为样本的研究表明，政府创业投资显著的对企业创新起到积极的正向作用。同样，在以中国为研究对象的实证文献中，得出来的结论也并非趋于一致。杨宝、袁天荣和陈见丽研究发现创业投资不能促进企业创新。但金永红（2016）、张学勇和张叶青、HUA（2016）等学者研究发现创业投资能促进企业创新。董建卫和王晗等（2015）也得出结论为政府引导基金投资的本地高科技企业专利申请数量显著多于私人创业投资基金投资的本地企业。另外，国内的学者郭迪、郭妍和姜昆（2015）在微观层面检验了政府创业投资基金政策对企业创新产出的影响，基于企业层面的面板数据检验后发现，获得创业投资基金投资的企业在企业的新增专利数量、新产品产值及出口数量方面都要显著高于企业获得资助前的水平以及与之对应的非资助企业。

大多数的实证研究都证明创业投资对企业技术自主创新具有显著性的正向影响：创业投资参与的企业专利申请量比无创业投资参与的企业的更多，且获得创业投资支持的企业在技术自主创新上的成效要显著性高于没有获得创业投资支持的企业。而从企业经营的资产上看，无形资产包括专利数量、人才储备、投资机会等，是非常重要的资产，对于技术创新要求高的高新技术企业来说更是如此。政府引导基金投资的企业多是处于技术产品创新试验阶段的初创期创业投资企业，这个时期的企业处于高风险、高投入的状态，往往因为融资困难而难以进行下一步的研发支出。

依据前文的理论分析，我们能够看出来无论是以国际为研究对象的文献还是以中国为研究对象的文献，学者得出来的结果并不一致。但政府创业投资基金能够促进企业创新为结论的文献仍然占多数。一个企业创新力的衡量往往都比较难，但无形资产和有形资源等都可以成为企业"软硬实力"的创新标准评判。国内学者关于创新力的评估体系从 20 世纪 90 年代才开始渐渐成型，根据学者的实证研究经验，一般将创新能力分为研发能力、投入能力、创新意识、创新管理能力。其中对创新投入产出的量化和测度是重点，一般会包含到研发投入、专利等知识产权数量、新产品销售占比等方面。

无形资产是企业创新的核心战略资源，它占据如此重要地位的原因之一在于它可以在未来某一个时点给企业带来远高于成本的经济效益。从企业经营的资产上看，无形资产包括专利数量、人才储备、投资机会等，是一项非常重要的资产，对于技术创新要求高的高新技术企业来说更是如此。一般来说具有创新特征的企业的无形资产规模会更大一些。在某些文献中也出现了用无形资产比率来当作直接描述企业创新的指标（无形资产比率＝无形资产总额/同一时日企业资产总额×100%）。这一指标有局限性，主要体现在无形资产总额中包含着由于企业合并业务引发的商誉以及投资环节中以土地使用权投资入股形成的无形资产。商誉和土地使用权的本质更接近于"长期待摊费用"，同具有增值功能的技术性无形资产（如专利权、专有技术、版权等）有本质性的差别。因此，在本书衡量的无形资产中去除商誉和土地使用权部分。通过对理论的研究和分析做出假设，政府的创业投资引导基金对企业的无形资产数量会有正向的引导，具有积极效用。

专利数量虽然包含于无形资产内，是无形资产技术性内容的部分体现，但是企业的专利数量等知识产权并不等同于无形资产。无形资产更强调标的物对企业创造的经济效益，而企业拥有的知识产权数量（如专利数量）在尚未开发成有商业价值的物品之前，与企业实际贡献的利润并没有很大的联系。知识产权如需转为无形资产，还需要具有经济上的使用价值并取得市场的认可，给企业带来可以量化的盈利。因此，我们单独把企业的专利数量于无形资产分割出来，作为衡量企业创新因素的单独两个方面。并根据前文的文献结论及实证数据，假设政府引导基金投资与企业专利数量具有正向相关关系。依据以上分析，本书提出如下假设：

假设 13-1：政府引导基金投资与企业专利数量正相关。

假设 13-2：政府引导基金投资与企业无形资产数量正相关。

假设 13-3：政府引导基金投资与企业研发费用正相关。

13.2　实证研究设计

13.2.1　样本与数据

本书研究所用研发投入支出、无形资产、公司年龄以及新三板上市公司的财务数据，分别来自万得数据库的公司财务报表财务摘要、资产负债表、公司摘要信息模块。另外，研究所用的专利数量来自专利检索及分网站中的数据，以及财报中公司拥有的发明专利的数量。

本书选取的样本为 2015~2019 年被政府引导基金投资的新三板挂牌公司，并对选出的数据进行了合理筛选，筛选标准如下：

（1）挑选轮次为"新三板定增"的公司。

（2）剔除截止到 2019 年已退市的公司。

（3）剔除 2015~2019 年研发费用、无形资产、专利数量皆不公布的公司。

当被资助的新三板公司的数据满足上述条件后，该公司当年的所有数据均会被剔除，经过筛选本书共得到 120 个有效数据。

13.2.2　变量定义与模型的设定

（1）变量定义。本书主要选取的相关变量如表 13-1 所示，其中被解释变量为无形资产、研发费用、专利数，解释变量为政府引导基金的投资金额，控制变量为杠杆率、销售利润率、营业收入和企业年龄（成立时限）。为了消除异方差的影响，本书选取了对投资金额、无形资产、研发费用序列取对数处理。

表 13-1　选取变量的性质及定义

变量代表	变量含义	变量性质
LNWX	无形资产	被解释变量
LNYF	研发费用	被解释变量
ZL	专利数	被解释变量
LNTZ	投资金额	解释变量
GGL	杠杆率	控制变量
XS	销售利润率	控制变量
LNYS	营业收入	控制变量
CLSJ	成立时限	控制变量

（2）模型设定。为了分析政府引导基金投资与企业创新的关系，本书构建的面板数据多元回归模型如下：

$$LNWX_{it} = \beta_0 + \beta_1 GGL_{it} + \beta_2 XS_{it} + \beta_3 LNYS_{it} + \beta_4 CLSJ_{it} + \beta_5 LNTZ_{it} + \varepsilon_{it}$$

$$LNYF_{it} = \beta_0 + \beta_1 GGL_{it} + \beta_2 XS_{it} + \beta_3 LNYS_{it} + \beta_4 CLSJ_{it} + \beta_5 LNTZ_{it} + \varepsilon_{it}$$

$$ZL_{it} = \beta_0 + \beta_1 GGL_{it} + \beta_2 XS_{it} + \beta_3 LNYS_{it} + \beta_4 CLSJ_{it} + \beta_5 LNTZ_{it} + \varepsilon_{it}$$

13.3 实证结果分析

13.3.1 描述性统计

为了更好地研究政府引导基金与企业创新的关系，本书通过描述性统计方法，对全部样本公司 2015～2019 年的投资金额、无形资产、研发费用、专利数量、杠杆率、销售利润率、营业收入以及企业成立时限进行简单描述统计分析，如表 13-2 所示。

表 13-2　主要变量的描述性统计

	LNYF	LNWX	ZL	GGL	XS	LNYS	LNTZ	CLSJ
均值	6.317	4.899	5.869	38.656	-461.3	9.318	5.265	11.598
中位数	6.515	5.847	2.000	37.438	11.823	9.371	5.337	11.000
最大值	9.078	10.116	78.000	90.750	62.32	13.56	7.178	24.000
最小值	-1.957	-1.034	0.000	0.300	-14862	-0.218	2.512	3.000
标准差	1.367	2.833	9.688	18.549	8011.839	1.378	0.892	4.493
偏度	-1.658	-0.567	3.278	0.319	-17.756	-1.162	-0.521	0.387
峰度	10.338	2.193	16.857	2.495	316.866	11.411	3.302	2.519

变量的特征如表 13-2 所示，对数处理后研发费用的均值为 6.317，最大值为 9.078，而最小值仅为 -1.957。从无形资产的分布状况来看，无形资产的标准差较小，峰度较低。从专利的分布状况看，均值仅为 5.869，而最大值却达到 78.000，这表明创投企业中创新能力差异明显，拥有创新能力较强的企业。整体企业平均的杠杆率达到 38.656%，而部分企业的最高杠杆率超过 90.750%，这表

明有些企业存在较大的风险。从销售利润率看，均值为负数表明所选取的企业由于处在成长期，整体盈利能力较弱，仅有部分企业可以实现较高的利润率。新三板企业的营收角度差异较大，最低的企业呈现负数，最高的企业是最低的超过50 倍。从政府创投投资的情况看标准差小于 1 表明政府创投资金投资的谨慎性。从新三板企业成立时间来看，企业普遍成立时间在 11 年左右，最低的企业仅有3 年时间，最高超过了 20 年。

13.3.2　单变量分析

变量之间的相关系数如表 13-3 所示，可以看出，各变量之间的系数均未超过 0.5，不存在多重共线性。

表 13-3　主要变量的 Pearson 相关系数

	LNWX	LNYF	ZL	INTZ	GGL	XS	LNYS	CLSJ
LNWX	1							
LNYF	0.455***	1						
ZL	0.093	0.0428	1					
INTZ	0.121	0.416***	0.025	1				
GGL	0.067	−0.007	−0.048	0.056	1			
XS	0.027	0.076	0.073	0.012	−0.231**	1		
INYS	0.397***	0.485***	0.051	0.164*	0.149*	0.054	1	
CLSJ	0.152	0.137	−0.012	−0.029	−0.065	0.114	0.081	1

注：*** 表示在 1% 水平上显著，** 表示在 5% 水平上显著，* 表示在 10% 水平上显著。

13.3.3　多变量分析

（1）创业投资引导基金投资与企业无形资产回归结果。为探究政府创投自己对于企业创新能力的影响，本书对于创新资金和无形资产的关系进行了分析。回归结果如下：

政府创业投资资金对企业无形资产的关系如表 13-4 所示。首先，回归结果的 t 检验原假设变量的系数显著为 0，即在一定置信水平下如果 t 检验对应的 P 值大于相应的置信水平应该接受原假设；反之则应该拒绝。从回归结果可以看出自变量

$LNTZ$ 的 P 值为 0.161 大于 0.1，因此不能够拒绝原假设，即未通过 t 检验，所以其他条件不变的情况下，政府创业投资资金对于企业研发费用的影响并不显著。

表 13-4　政府引导基金投资与无形资产关系回归结果

变量	系数	T 值	P 值
GGL	0.0216**	2.156	0.015
$LNYS$	0.3439***	6.124	0.000
XS	−0.0001**	−2.191	0.037
$LNTZ$	0.0837	1.409	0.161
$CLSJ$	0.0712*	1.863	0.067
R-squared	0.1318		
Log likelihood	−684.1283		
Durbin-Watson stat	0.2343		

注：*** 表示在 1% 水平上显著，** 表示在 5% 水平上显著，* 表示在 10% 水平上显著。

其次，从控制变量的回归结果看，$LNYS$、GGL、XS 系数的 P 值分别为 0.000、0.015、0.037，这三个变量的 P 值均通过了检验，其中，$LNYS$ 在 1.00% 置信水平上通过 t 值检验，GGL 和 XS 在 5% 置信水平上显著。因此，在其他条件不变的情况下，GGL、XS、$LNYS$ 对企业无形资产的影响显著。其中，杠杆率增长 1.00%，将导致企业无形增加 0.02%；而企业营业收入增长 1%，则会带来无形资产增长 0.34%；但是企业销售利润率的增长一个单位则会带来企业无形资产下降 0.01%。此外，$CLSJ$ 的 P 值为 0.067>0.050，因此在 10% 置信水平下 $CLSJ$ 通过检验。

最后，综合来看，杠杆率、销售利润率、营业收入对于研发费用影响显著，而投资金额对于研发费用影响并不明显。

（2）创业投资引导基金投资与研发费用回归结果。企业无形资产只能反映企业创新能力的一个方面，企业创新能力是贯穿研发投资、专利申请等全过程的，因此有必要从研发投入等方向观察企业的创新能力。政府投资资金对于企业研发费用的回归结果如表 13-5 所示。

表 13-5　政府引导基金投资与研发费用关系回归结果

变量	系数	T 值	P 值
GGL	-0.0089***	-2.6734	0.008
LNYS	0.7563***	29.7241	0
XS	-0.0032***	-6.2664	0
LNTZ	0.1317***	-5.4117	0
CLSJ	0.0028	0.2487	0.812
R-squared	0.2478		
Log likelihood	-498.4781		
Durbin-Watson stat	0.6681		

注：***表示在1%水平上显著，**表示在5%水平上显著，*表示在10%水平上显著。

政府创业投资资金对企业研发费用的关系如表 13-5 所示。从回归的结果可以看出 LNTZ 的 P 值显著为 0，因此在 1% 置信水平上政府投资资金对于企业研发费用的影响显著。从影响方向看，政府投资资金和企业研发费用投入呈现正相关关系，从影响程度看政府投资资金每增长 1%，将会带来企业研发费用增长 0.1317%。

同时从控制变量的回归结果来看，GGL、XS、LNYS、在 1% 置信度上可以通过 t 检验，而 CLSJ 并没有通过 t 检验。GGL 和 LNYS 对企业研发费用的投入具有正相关关系，GGL 增加一个单位将会导致研发费用减少 0.0089 个单位。此外，销售利润率和企业研发费用投入呈负相关关系，企业销售利润率下降 1% 将带来研发费用下降 0.0032%。

综上所述，杠杆率、销售利润率、营业收入、成立时限以及投资金额对于研发费用影响显著，成立时限对于研发费用影响并不明显。

（3）创业投资引导基金投资与专利数量回归结果。从上述回归结果可以看出政府投资资金对于企业研发费用的影响显著，但是衡量企业研究成果的主要指标则是企业专利数量，为进一步研究政府投资资金对于企业创新成果的影响，本书对政府创业投资资金和企业专利数量进行了分析，回归结果如表 13-6 所示。

表 13-6 政府引导基金投资与专利数量关系的回归结果

变量	系数	T 值	P 值
GGL	0.0165 **	2.1623	0.032
LNYS	0.1851 **	1.6769	0.046
XS	−0.0001	−1.5153	0.141
LNTZ	0.3178 **	2.2032	0.028
CLSJ	0.0748 **	2.2422	0.026
R-squared	0.1423		
Log likelihood	−771.8478		
Durbin-Watson stat	0.2365		

注：***表示在1%水平上显著，**表示在5%水平上显著，*表示在10%水平上显著。

政府创业投资资金对企业专利数量的关系如表 13-6 所示。从回归的结果可以看出 LNTZ 序列的 P 值等于 0.0274<0.0500，因此在 5% 置信水平上政府投资资金对于企业专利数量的影响显著。从影响方向看，政府创业投资资金对于企业专利数量的影响是正向的；在其他条件不变的情况，政府创业投资资金增加 1% 将会导致企业专利数量上升 0.3178%。

从控制变量的回归结果来看，GGL、LNYS、LNTZ、CLSJ 的 t 检验对应的 P 值分别为 0.032、0.046、0.028 和 0.026，因此在 5% 置信度下均通过 t 检验。并且 GGL、LNYS、LNTZ、CLSJ 对于企业专利数量的因此呈现出正相关关系，GGL 增加一个单位将会导致专利数量增加 0.0165 个单位。营业收入每增长 1% 将会带来企业专利数量增长 0.1851。而 XS 并没有通过 t 检验，因此销售利润率对企业专利数量影响不显著。

综上可以看出，投资金额、杠杆率、成立时限、营业收入以及成立时限对于研发费用影响显著，销售利润率对于研发费用影响并不明显。

13.4 研究结论

随着国家支持创新政策的大力支持及政策落地，政府引导基金在近年实现爆发性增长。具有一定研发、创新能力的高新企业是带动我国创新力不可小觑的一股力量。但由于高新企业本身具有的高风险、高收益的特点，在依靠市场配置资本使容易因为市场失灵而带来"资金缺口"的问题。在全球化背景下，各国政府都对创业创新尤为重视。由政府本身设立集中性的财政资金来参与、引导高新企业在市场上由于高收入、高风险引起的"资金缺口"问题，已经成为了一种经验证的有效的普遍做法。我国的政府引导基金由于发展时间较短等原，在现有的理论体系中覆盖面较国外具有丰富经验的研究成果而言还不完善。而且，在现有理论中较少涉及从微观角度研究政府引导基金对企业创新的具体影响。分析政府创投基金与企业创新的相关关系，对我国政府充分发挥政府引导基金作用、带动企业创新有着重要意义。

本章以 2015~2019 年 120 个新三板定向增发公司为样本，探究了政府创业投资基金投资与企业的创新之间的影响关系。通过对已有文献及现有制度背景的分析，本章提出了政府引导基金与企业的专利数量、无形资产、研发投入费用都具有正相关关系的三个假设。基于企业面板数据进行回归后，得到如下结论：①我国政府创业投资基金投资总体上对于提升企业的创新具有积极作用。②政府投资引导基金投资对企业的发明专利数量和研发投入支出具有显著性的积极作用。③政府投资引导基金投资对企业的无形资产没有显著性影响关系。④政府投资引导基金投资的无论是扩张期的企业还是成熟期的企业都具有正向的影响关系。由此可见，政府引导基金投资可以通过引导企业在研发费用支出、发明专利上面来更好地影响企业创新。并且当政府引导基金投资的对象本身是创新能力较强的公司时，政府引导基金对企业创新积极的影响关系更为显著。

总体来说，本章研究证明了中国政府投资引导基金投资对企业创新具有积极的促进作用。就微观企业而言，本书为企业更好地利用政府引导基金，更好地提高自己的创新能力提供了理论与实证支撑。本章研究结论表明，政府投资引导基金之所以能通过投资促进企业创新，是因为投资的企业比例较大的一部分都是高新技术企业，有一定的研发创新能力。政府引导基金投资进入后，企业的创新效率得以提升。无论是在企业研发投入方面还是专利数量方面，政府创业投资基金投资对企业创新的促进作用都更加明显。通过企业成立时间（企业年龄）这一控制变量可以看出，无论政府引导基金投资的是成熟期的企业还是初创期的企业均可以促进企业创新。所以从实践的意义来说，投资的无论是处于科技创新成果的产品试验阶段的种子期企业，或者是处于企业成长后半阶段的成熟期企业都应该给予同等的重视。

14 政府引导基金投资与企业价值

政府引导基金在法律与资金配备上为中小企业提供了保障，增强了中小企业创业活力，促进了中小企业可持续发展。以信号传递理论为基础，可以认为在政府引导基金的投资下，企业优化组织结构的过程中，其自身变化所造成的影响也将使其在新三板上有所表现。因此，本章以新三板公司作为研究对象，实证分析政府引导基金的投入对新三板公司产生的影响。

14.1 理论分析与研究假设

14.1.1 理论基础

（1）委托代理理论。产权分离随着公司制的逐渐发展而产生，形成了公司产权的所有者为委托者，经营者为被委托者的委托代理关系。美国著名经济学家Berle和Gardiner在时代背景下提出了委托代理理论。该理论的主要内容为公司产权的所有者（出资方）根据预先订立的合同将自身所拥有的财产交予经营者管理，出资方仍然享有相应的剩余控制权与收益索取权。

委托代理理论有两个自然缺陷（见图14-1）。第一，委托人与被委托人之间的利益目标不一致。公司所有者的目标是股东权益最大化，而经营者更注重的是其自身任职期间所获利益的最大化，两者目标不同产生的矛盾导致经营者所做出的决定并不一定是对公司发展与股东权益最有利的。这在政府引导基金的表现为政府（委托人）与创业投资机构（被委托人）之间的矛盾。政府作为基金的委托人，其主要目的在于通过对基金投资方向的政策性引导，推动中小企业可持续性发展，提高中小企业创业创新能力，而不是追求基金投资所带来的利益。创业投资机构，以及基金的社会出资人则更注重投资后是否能带来财富的增值，政府引导基金扶持的处于初创期与成长期的中小企业正是社会出资人不愿，或鲜少进行投资的对象。

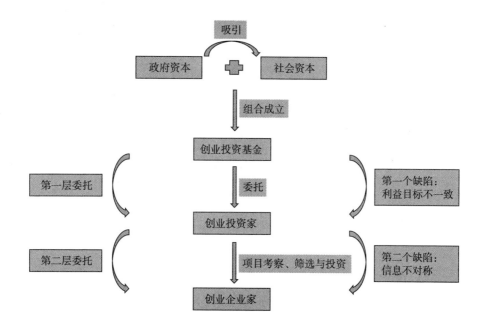

图 14-1　政府引导基金运营过程中的两个缺陷

第二，委托人与被委托人（代理人）之间由于信息不对称而导致的矛盾。相较于委托人，代理人对公司日常运营情况与其他信息更为了解，所有者（委托人）若想了解公司更详细的信息则需花费更高的成本。因此，公司所有者与经营者之间的信息不对称，将导致经营者产生逆向选择与道德风险这两种行为倾向。在政府引导基金中，这种缺陷则表现为创新投资家与创新企业家之间的信息不对称。在征信平台尚未完善的情况下，创新投资家难以得到投资标的完整的客观信息，在创新企业家迫切需要基金投资的情况下，难免会造成由于企业家夸大自身优势而造成的信息不对称的问题。因此，政府引导基金的运营需在监督与考核机制上加强建设。

（2）信号传递理论。信号传递理论源于信息不对称，其表现为参与者希望通过某种信号来传递自己的真实信息，并希望通过这种信号得到对方信息，从而做出相应决策。西方财务学家归纳了三种传递信号——利润、股利与融资。有学者认为，虽然股利信号是最为直观的传递信号，但鉴于股利分配的传递成本较高，不能保证信号的真实性等缺陷与限制，真实信号的传递应由第三方进行传递，如会计师事务所、承销商等。另外，私募股权投资也可以作为第三方信号进行传递。这是因为私募股权投资机构有优秀的专业能力与丰富的投资经验，其他市场投资者认为私募股权投资机构所投资的对象都是经过严格筛选与考察的，具有较高的投资价值，并对相应产品表现出投资偏好，而这种偏好最终会体现在公司价值上。这体现出私募股权基金作为信号传递者时，其传递信号的对象为基金的投资者与市场（如其他投资者）。对于前者，投资项目公司的业绩越好，投资者对基金经理的专业能力将更加认可，从而有助于基金的下一轮筹资；对于后者，当私募基金机构投资项目表现得越好，社会对该私募基金投资机构将会有更高的信任度，从而有利于投资机构公司价值的提高。因此，公司与私募股权基金之间逐渐形成了良性循环如图 14-2 所示。

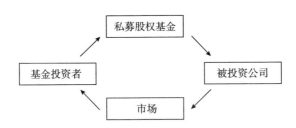

图 14-2　私募股权投资过程中各参与方作用传导

而这种理论也适用于政府引导基金。当创业投资机构依据其投资经验与投资项目信息进行投资后，若被投资企业表现出优秀的盈利能力与巨大的发展空间，则有利于树立社会投资者的投资信心，增强社会投资者投资力度，实现投资者与中小企业的双赢局面，推动了国内经济的可持续性、战略性发展。

14.1.2　研究假设的提出

政府引导基金在法律与资金配备上为中小企业提供保障，增强了中小企业创业活力，促进了中小企业可持续发展。以信号传递理论为基础，可以认为在政府引导基金的投资下，公司优化了组织结构，其自身变化所造成的影响也将于新三板上有所表现。因此，本书认为政府引导基金的投入会对新三板公司产生影响。本书将进一步梳理政府引导基金对新三板公司影响的逻辑，并进行假设检验。

政府引导基金对公司价值的影响体现在以下三方面：第一，政府引导基金在发展过程中，逐渐形成由投资经验丰富、投资业绩优秀的专业基金经理进行管理的机制，其能够甄别发展潜力大的公司。因此，被投资公司往往有较大的投资价值。第二，发展良好的初创型企业往往处于缺乏资金运转的状态，政府引导基金以财政资金带动社会资本进行投资，有利于为被投资公司提供资金支持与信用担保。第三，由西方学者提出的信号传递理论（Allen Faulhaber，1989）引申的私募股权"认证假说"认为如果私募基金的投资向市场传递出该公司值得被信赖、具有投资价值的信号，会吸引其他投资者为企业注资。我们有理由认为，政府引导基金的投资能够起到相同的作用。由此，提出如下假设：

假设14-1：获得政府引导基金投资与公司价值呈正相关关系。

在私募基金的研究中，Barry Muscarella（1990）提出私募股权基金积极参与公司治理，在董事会往往拥有一到多个席位。何滔和崔毅（2014）的研究则以持股比例来衡量私募股权基金对公司的管理程度，持股比例越高，私募股权基金所占董事会席位越多。这主要体现在以下几个方面，私募股权基金的持股比例越高，对大股东控制权的制约越强，有利于避免公司谋求少数股东利益的事件发生；私募股权基金的持股比例会影响其参与公司治理的积极性；私募股权投资作为专业的投资机构，为公司提供了更专业的管理机制。

由上述理论引申至政府引导基金投资。偿债基金与担保机构在政府引导基金的扶持下逐渐引入创业投资企业，这大大加强了创业投资企业的抗风险能力，有利于创业投资企业加大向缺乏融资渠道、发展潜力大的初创型企业投资的力度。因此，虽然政府引导基金不参与公司治理，但是政府引导基金的投入不仅会对创业投资企业产生影响，还会对创业企业的战略决策与资本结构，以及社会投资者的判断产生影响。本书认为，政府引导基金的持股比例越多，越有利于创业企业的发展。由此，提出如下假设：

假设14-2：政府引导基金对公司的持股比例越大，公司价值越高。

14.2 实证研究设计

14.2.1 样本与数据

本章选取2015~2019年在新三板挂牌的企业数据，共322个样本数据，通过实证检验政府引导基金对新三板公司价值的影响，样本中包括152个接受过政府引导基金投资的样本公司，170个未接受过政府引导基金投资的样本公司。公司的托宾Q值来自锐思数据库，净资产收益率、总资产、资产负债率、赫芬达尔指数以及PE等数据均来自Wind数据库，政府引导基金投资相关数据来自清科私募通数据库。

14.2.2 变量定义与模型的设定

（1）变量定义。在公司价值的选择上，有最常用的三种方法——账面价值、内涵价值以及重置价值。由于以账面价值代表公司价值时，容易被企业操作而不具有真实性，且资产负债表中所反映的数据都是由于企业过去的经营而产生的，无法反映企业未来的价值创造能力；若以内涵价值，也就是以加权平均资本成本作为贴现率，将企业预期的现金流进行贴现而产生的值作为公司价值。那么，使用这种方法时需要结合经济周期、企业的发展规划以及产品销售情况等指标，会缺乏客观性；重置价值则是通过估算需要花费多少成本才能建立与目标企业具有相同技术、生产力、规模的企业来衡量公司价值。其中，又因托宾Q值作为一个企业的市场价值与其重置成本的比值，从市场的角度对公司价值进行了考核。因此，本章选择使用托宾Q值作为公司价值进行分析，托宾Q值为企业市场价值与期末总资产的比值。

模型的控制变量，参考对公司价值产生影响的因素研究，选取了净资产收益率（ROE）、公司规模（SIZE）、财务杠杆（LEV）和股权集中度（H5）。其中，净资产收益率（ROE）以加权平均净资产收益率来衡量；公司规模（SIZE）以公司每年年末总资产的对数来表示；财务杠杆（LEV）以资产负债率来表示；股权集中度（CONC）则以公司前5大股东持股比例的平方和来表示。

模型的核心解释变量Z。将公司是否接受政府引导基金（IF）为判断依据。若接受政府引导基金（IF），则取值为"1"，未接受则取值为"0"。即：

$$IF = \begin{cases} 1，公司接受政府创业投资引导基金 \\ 0，公司未接受政府创业投资引导基金 \end{cases}$$

同时，将政府引导基金的持股比例（INST）作为核心解释变量，以考察不同持股比例的政府引导基金投资对公司价值的影响。

具体变量选择情况如表14-1所示。

表14-1　变量选择情况

类型		名称	符号	涵义
被解释变量		公司价值	Q	企业市场价值/期末总资产
解释变量	关键变量	政府引导基金投资	IF	当接受政府创业投资基金投资时=1，否则为0
		持股比例	INST	政府引导基金持股比例
	控制变量	净资产收益率	ROE	加权平均净资产收益率
		公司规模	SIZE	年末总资产的对数
		财务杠杆	LEV	资产负债率
		股权集中度	H5	前5大股东持股比例的平方和

（2）模型设定。为了分析政府引导基金投资与企业价值的关系，本章构建的多元回归模型如下：

$$Q = \beta_0 + \beta_1 IF + \beta_2 ROE + \beta_3 SIZE + \beta_4 LEV + \beta_5 H5 + \varepsilon$$

$$Q = \beta_0 + \beta_1 INST + \beta_2 ROE + \beta_3 SIZE + \beta_4 LEV + \beta_5 H5 + \varepsilon$$

14.3 实证结果分析

14.3.1 描述性统计

全样本数据描述性统计如表 14-2 所示，可以看出，样本的净资产收益率的均值 35.54%，反映出股东权益的收益水平较高，公司运用自由资本的效率高，能够为股东带来较高的收益；资产负债率的均值为 31.4%；前 5 大股东持股比例的平方和衡量企业的股权集中度，样本 H5 的均值达到 259.79%，体现出样本公司股权的高度集中。一方面，高度集中的股权有利于公司决策的高效率化，股东内部因意见分歧而导致公司决策缓慢的情形不易出现，有利于公司抓住发展机会，推动公司快速增长；另一方面，股权集中度过高不利于管理机制的优化，决策错误降低公司价值、公司照顾少数股东利益等事件发生的可能性变高。

表 14-2　全样本描述性统计

statistics	Q	ROE	SIZE	LEV	H5	IF	INST
mean	10.54	35.54	486.61	0.314	259.79	0.46	5.560
max	20.18	54.18	950.78	0.742	648.23	1	19.120
min	6.05	11.05	1.65	0.036	1.02	0	0.209
p50	9.43	22.43	474.87	0.280	243.50	0	4.30
p25	7.65	17.65	237.53	0.184	31.50	0	1.419
p75	17.48	40.48	711.62	0.435	448.00	1	8.104

14.3.2 单变量分析

变量之间的相关系数如表 14-3 所示，可以看出，主要变量之间的系数均未超过 0.5，不存在明显的多重共线性。

表 14-3　主要变量的 Pearson 相关系数

变量	IF	INST	Q	ROE	SIZE	LEV	H5
IF	1						

续表

变量	IF	INST	Q	ROE	SIZE	LEV	H5
INST	0.683***	1					
Q	-0.283***	-0.232***	1				
ROE	-0.112***	-0.087***	0.058**	1			
SIZE	0.189***	0.145***	-0.028	-0.017	1		
LEV	0.035	0.036	-0.251***	0.005	-0.007	1	
H5	-0.161***	-0.128***	0.267***	-0.013	-0.027	-0.108***	1

注：***表示在1%水平上显著，**表示在5%水平上显著，*表示在10%水平上显著。

14.3.3　多变量分析

（1）全样本实证结果。假设14-1的回归结果如表14-4所示，可以看出，IF变量未体现出对公司价值的影响不显著，说明是否接受政府引导基金投资对公司价值的影响较小，没有通过显著性检验，因此假设14-1并没有通过验证。

表14-4　政府引导基金投资与公司价值

变量	Coeff.	T值	P值
ROE	0.0382*	1.68	0.097
SIZE	0.0062	0.41	0.372
LEV	-0.1587***	-6.71	0.000
H5	0.1891***	7.44	0.000
IF	-27.0123	-1.45	0.156
_cons	241.0067***	7.48	0.000
N		322.0000	
r2_a		0.1765	

注：***表示在1%水平上显著，**表示在5%水平上显著，*表示在10%水平上显著。

在控制变量方面，资产负债率的系数为-0.1587，并在1%的水平上显著为负，说明资产负债率与企业价值存在负相关关系。ROE、H5与企业价值分别在10%和1%的水平上显著为正。

（2）接受政府引导基金投资子样本实证结果。假设 14-2 的回归结果如表 14-5 所示。在接受政府引导基金投资公司中，*INST* 系数为 0.0001，但不显著，说明政府引导基金持股比例对公司价值的影响较小。因此，假设 14-2 也未得到验证。

表 14-5　政府引导基金投资与公司价值

变量	Coeff.	T 值	P 值
ROE	0.0534	1.42	0.141
SIZE	0.0348	1.13	0.113
LEV	−0.2063***	−6.76	0.000
H5	0.1811***	4.93	0.001
INST	0.0001	−1.43	0.151
_cons	211.0171***	6.97	0.000
N	152.0000		
r2_a	0.1379		

注：*** 表示在1%水平上显著，** 表示在5%水平上显著，* 表示在10%水平上显著。

在控制变量方面，资产负债率的系数为−0.2063，并在1%的水平上显著为负，说明资产负债率与企业价值存在负相关关系。*H5* 与企业价值分别在1%的水平上显著为正。

假设 14-1 和 14-2 没有得到验证的主要原因可能是，政府引导基金间接进行投资，不直接参与公司的直接管理与经营，无法保证接受投资的公司增强了"创新投入"或"研发开支"项目的投入力度，也无法引领被投资公司提升技术创新能力、提高市场竞争力，从而改善被投资公司的经营业绩、提升被投资公司的公司价值。另外，政府引导基金的运作方式在参股、跟进投资对投资时间上皆有规定，造成了一定的短视投资行为。因此，政府引导基金投资对提升公司价值的影响特别小，无法起到正向作用。此外，我国新三板市场推出的时间较短，入市退市等制度仍不完善，也对接受了政府引导基金投资的公司产生了一定影响。因此，以上三点导致了多元回归分析无法证明政府引导基金与公司价值正相关的假设。

同时，*INST* 指标显示出政府引导基金持股比例与公司价值的相关关系不显著也体现了这三点缺陷，这意味着在这些缺陷的影响下，即使政府引导基金的持股比例提高，也无法增加被投资公司，尤其是种子期、初创期公司的创新成果与创新效益、提高被投资公司的创新能力，从而无法提高被投资公司的公司价值。

14.4　研究结论

政府引导基金吸引了大规模的社会资金投向创业投资领域，其作为实现政府政策目标的强力手段，为缺乏资金支持的初创型、扩张性创业企业提供了融资渠道，大批新三板公司在政府创业投资基金的帮扶下，在不断提高着自身创新能力的同时，实现自身的可持续发展。从研究视角上进行创新，对政府引导基金对新三板公司价值的影响进行研究，判断新三板公司是否真正地在政府引导基金的帮扶下提高了自身价值，发现政府引导基金对新三板公司价值影响的路径，从而增强对政府引导基金的利用效率。

本章运用多元回归方法，分析了政府引导基金投资对新三板公司价值的影响。通过研究发现政府引导基金投资与新三板公司价值并未形成显著的相关关系，具体而言，是否接受投资指标未出现对公司价值有显著影响，说明接受政府引导基金投资会降低公司价值，但是没有通过显著性检验。在接受过政府引导基金投资的子样本中，政府引导基金投资持股比例指标的系数的显著性也不明显，说明政府引导基金投资比例对公司价值的影响较小。

研究结果表明，受到政府引导基金自身特性以及新三板市场仍不成熟的影响，政府引导基金投资及其投资比例无法体现出对新三板种子期、扩张期公司起到了提升公司价值的作用。但是控制变量净资产收益率、公司规模、财务杠杆和股权集中度等指标对新三板公司价值都产生了不同程度的影响。研究表明，净资产收益率、公司规模、股权集中度与机构持股对公司价值产生了正向作用，财务杠杆则与公司价值则呈负相关关系。

本篇小结

作为本书的主要研究内容，本篇主要基于实证研究的方法，系统分析政府引导基金的融资效应和融智效果。首先基于 DEA 模型对政府引导基金的投资效率进行评价；其次分析政府引导基金投资与企业创新、企业价值和企业绩效的影响。通过系统的实证分析，为后文提出政府引导基金的市场化投资机制提供理论依据。

首先，本书以近年来创业投资机构与受投资企业作为研究对象，通过对政府引导基金投资规模、企业资产规模、企业经营收益数据及增长率等指标的分析，站在政府引导基金的政策性目标与经营性目标实现的角度，从定量角度对政府引导基金的投资效率进行评价研究。并运用多元线性回归模型验证政府引导基金投资规模、企业资产规模、反映企业经营状况的各项收益数据及其增长率等对政府引导基金投资效率的影响，通过研究发现目前我国大多数创业投资机构管理水平有待提高，受投资企业对资本利用效率有待提升。

其次，由于政府引导基金是以市场为导向的经营模式，将社会资本投入到国家支持的产业，尤其是战略性新兴产业和高科技行业，以市场为导向，运用金融资本的杠杆效应，对处于萌芽期、初创期的创业公司进行投资。本部分后面的内容是运用了多元有序 logistics 回归进行实证研究，通过对企业的问卷调查，分析了其对企业绩效的影响，从而拓宽了政府引导基金投资对企业创新绩效、成长绩效影响的研究视角。从理论上讲，通过对政府引导基金的成立效果进行评价，可以识别其对公司发展的影响，并对其在实际中的投资决策提出一些建议，有助于更加全面地评价政府引导基金投资对企业绩效的影响，对我国现阶段的经济转轨有着重大的理论与现实意义。研究结果表明：①政府引导基金与企业创新绩效倾向显著正相关。②政府引导基金与企业成长绩效倾向显著正相关。

再次，以2015~2019年120个新三板定增公司为样本，探究了政府引导基金投资与企业创新之间的影响关系。通过对已有的文献及现有制度背景的分析，本篇提出了政府引导基金与企业的专利数量、无形资产、研发投入费用都具有正向关系的三个假设。基于企业面板数据进行回归后，得到如下结论：①我国政府创业投资基金投资总体上对于提升企业的创新有积极作用。②政府投资引导基金投资对企业的发明专利数量和研发投入支出有显著性的积极作用。③政府引导基金投资对企业的无形资产没有显著性影响关系。④政府引导基金投资对无论是扩张期的企业还是成熟期的企业都具有正向的影响关系。由此可见，政府引导基金投资可以通过引导企业在研发费用支出、发明专利支出方面影响企业创新。并且当政府引导基金投资的对象本身是创新能力较强的公司时，政府引导基金对企业创新积极的影响关系更为显著。

最后，本篇运用多元回归方法，分析了政府引导基金投资对新三板公司价值的影响。通过研究发现政府引导基金投资与新三板公司价值并未形成明显的相关关系，具体而言，是否接受投资指标未体现出对公司价值的显著影响，说明接受政府引导基金投资会降低公司价值，但是并没有通过显著性检验。在接受过政府引导基金投资的子样本中，政府引导基金投资持股比例指标的系数的显著性也不明显，说明政府引导基金投资比例对公司价值的影响较小。研究结果表明受到政府引导基金自身特性以及新三板市场不成熟的影响，无法体现出政府引导基金投资及其投资比例对新三板种子期、扩张期公司起到了提升公司价值的作用。但是控制变量净资产收益率、公司规模、财务杠杆和股权集中度等指标对新三板公司价值都产生了不同程度的影响。研究表明，净资产收益率、公司规模、股权集中度与机构持股对公司价值产生了正向作用，财务杠杆则与公司价值则呈负相关关系。

第五篇

创业投资引导基金的市场化投资机制设计

15　政府引导基金的市场化投资机制

政府引导基金其投资行为被规范后，势必能提高其投资效率，使其投资必须按照市场化运作，降低行政干预的影响。因此，需要通过准确界定各类主体的角色定位，系统构建政府引导基金的市场化投资机制对其投资行为进行规范。

15.1　政府引导基金的市场化投资机制设计思路

政府出资设立的引导基金，目的是吸引社会资本更多的进入创业投资市场，使种子期和初创期的企业得到资金支持，促进企业发展，最终实现社会资本的优化配置，为中小企业的发展提供资金支持，政府引导基金是非营利性，并不以追求收益为目标，而是通过政府的资金投入，引导社会资本的资金投向，激励社会资本更好地为经济社会的发展做出有力的支持。要确保我国创业风险投资机构的投资行为规范化，行业健康化，就必须在投资运作过程中深入分析、定位政府引导基金的角色，政府引导基金投资的容错机制、激励机制、约束机制和监督机制，促使种子期和初创期的创业企业得到更多的社会资金，包括他们最需要的技术支持，推动我国产业转型升级和高质量发展，加快高新技术产业化进程。

本章将明确政府引导基金投资各个参与主体的角色与作用，并以此为基础构建"四主体、四内容"的市场化投资机制，四主体包括基金管理公司、商业银行、政府出资人和社会出资人，四内容包括容错机制、激励机制、约束机制和监督机制，为进一步规范政府引导基金的规范化发展提供一定的理论参考。

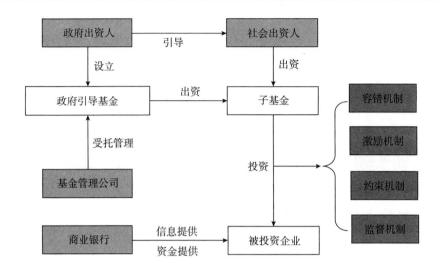

图 15-1 政府引导基金的市场化投资机制

15.2 政府引导基金投资涉及的主体分析

根据国家发改委和财政部（2018）发布的指导意见，由政府设立，按市场化方式运作的，一般并不直接进行创业投资，具体的投资业务由其子基金开展的政策性基金被界定为政府引导基金。主要通过扶持创业投资企业发展，引导社会资金进入创业投资领域。政府引导基金的设立宗旨是充分发挥财政资金的杠杆效应，放大财政资金的引资作用，并通过引智为创业企业提供在发展初期的技术、经营管理等方面的支持，在创业投资资本的供给不断增加的同时，使中小企业的发展活力得到提升，政府引导基金能够克服单纯市场化所带来的资本配置市场失灵，有效促进全面创新和大众创业。为实现有效吸引风险投资机构和金融机构对中小企业早期的投资，解决广大中小企业的融资需求，政府引导基金作为基金中的基金，需要深入分析其在投资过程中涉及的各类主体，准确界定各类主体的角色，营造良好的社会投融资环境。

15.2.1 基金管理公司

政府设立的引导基金是优化社会资源配置的一种主要手段，在运行过程中与社会资本联合投资，委托风险投资基金管理，进行市场化的运作。政府做出这种决策的主要原因在于：第一，政府本身缺少创业投资相关知识，单独无法实现创业投资；第二，采用市场化运作方式，能够有效避免行政性干预的弊端，使投资效率和效果得到有效提升。因此，政府引导基金运行中最好的方式是选择适合的创业投资管理机构，此类机构拥有丰富的创业投资经验和创业投资基金的运营经验，其对政府引导基金的日常运行和投资行为进行监管，能够保障政府引导基金实现投资目标。

就目前而言，主要有两种形式的受托管理机构：一种是政策性机构的下属公司，这类公司最大的特征是其出资人是政府或者国有性质的企业，在此类机构管理政府引导基金的过程中，能够更好地利用原有的政府资金或者国有企业的管理经验，更好地将政府出资人和社会出资人进行对接，深入了解双方的利益诉求，达到双赢的效果。另一种是商业性创业投资公司作为受托管理机构。此类企业作为行业中商业化运营成功的基金管理公司，往往具有很高的行业地位，对创业投资的理解较为深刻，让其作为受托管理机构，可以充分利用已有的创业投资经验，更好地实现政府引导基金的市场化投资运行。受托管理机构每年会收取管理费，管理费的收取往往根据管理资产的一定比例进行确定。

15.2.2　政府出资人

政府引导基金是各地政府扶持行业发展和产业升级的重要举措，政府的财政拨款作为设立的基础，释放信号，引导社会资本进入某个特定领域，实现风险由政府引导基金和社会资本共担，使政府引导基金的辐射范围扩大，专业机构的受托管理能够帮助政府引导基金实现规范化发展和科学投资。从出资比例来看，政府的出资比例相对较小，社会资本所占比重较大，政府的资金投入充分发挥财政资金的杠杆作用。虽然存在出资比例上的差异，但是政府出资和社会出资人的出资没有本质上的区别；从出资的性质上来看，政府出资人往往只作为基金的有限合伙人或者基金的股东，仅履行出资义务——依据出资协议和出资合同的要求，一般不参与子基金的实际经营管理和投资决策；从监督的角色来看政府出资人，监督子基金的运营，是通过董事会、股东大会（或合伙人大会）、监事会进行，而不过多地干预子基金的运营，受托管理公司全面负责子基金的日常运营和投资管理。

政府出资人在创业投资引导基金运营过程中具有其特殊性。由地方政府创立的政府引导基金，地方政府的主要角色是发起人和出资人。在地方政府设立的政府引导基金的运营过程中，地方政府往往设立该基金的目的是扶持该地区某一特定行业发展，在此背景下，地方政府的主要角色是创业投资引导基金的主发起人，为了满足行业发展的资金需求，这一特定行业会被引入其他性质社会资本，以加快该地区的行业发展。作为出资人，由于政府引导基金自身的"非营利性"，并不追求自身的投资收益，会根据创业投资项目的运作情况，引导子基金将一定比例投资收益，奖励给其他股东，鼓励其继续支持中小企业创业投资发展。

15.2.3 社会出资人

与发达国家相比，我国的风险投资市场还不够成熟，目前缺乏适合中国风险投资业发展的生态系统，私人风险投资机构认为没有必要通过投资高科技初创企业承担高风险。社会出资人一般包括机构投资者和个人出资者，在政府引导基金设立和运营过程中，社会出资人充当主要出资者的角色。政府出资和社会出资人的出资比例一直是政府引导基金的硬性标准之一。一般而言，政府的出资比例通常为基金认缴规模的20%~30%，并且要求政府不能成为第一大出资人。随着政府引导基金不断发展与完善，出资比例要求有放宽的趋势，部分比例已高达50%。为了限制政府引导基金的出资比例不超过协议的限定，通常在出资协议中会约定因其他有限合伙人缩减认缴出资额而致使创业投资引导基金的出资超过限制比例，使创业投资引导基金成为第一大出资人的，创业投资引导基金有权减少其实缴出资额，直至符合其出资比例限制要求及不成为基金的第一大出资人要求。

因此，在政府引导基金申请设立时，受托管理人应当寻找社会出资人作为第一大出资人，如社会出资人的出资比例不足或者无法作为第一大出资人，受托管理人需要先就社会出资人与其他有限合伙人的出资设立联结基金，再由联结基金作为第一大出资人，与政府引导基金共同设立主基金。在我国，多数创业投资引导基金的社会出资人须出具法律意见书，确保不存在股份代持现象和股东结构符合国家规定。此外，某些引导基金还明确规定国有性质企业不能作为社会出资人角色，保证其充分发挥引导基金对社会性质资本的引导作用。

15.2.4　商业银行

商业银行在政府引导基金投资过程中，主要参与的内容包括：第一，作为信息的提供者。在创业投资的投资过程中，为了更了解被投资企业，消除信息不对称性，信息获取十分关键。此时掌握专业资源的商业银行，能够提供相关投资决策所需信息，使其信息沟通成本大大降低，商业银行也就成为市场中重要的一员。第二，作为基金的托管方。银行作为政府引导基金的托管人的优势在于银行拥有较强的资源配置能力。作为专业的托管机构，银行结合其自身优势不断创新托管方式，能够助力政府引导基金的规范化发展。第三，作为资金的提供方。商业银行虽然不直接参与政府引导基金的投资决策，但政府引导基金及其子基金在投资过程中需要判定信贷风险，在投资后需要建立信息共享机制，贷款过程中对信贷条件无法满足要求的企业，政府引导基金需提供风险担保措施。对被投资企业，银行会按照不同的发展阶段、企业规模及所属行业，设计专门的信贷产品，开展股权质押贷款、知识产权质押贷款、政府引导基金担保等多种信用增进方式，以控制信用风险。

15.3　政府引导基金投资的容错机制

国办发〔2018〕126号《关于推广第二批支持创新相关改革举措的通知》提出"推动政府股权基金投向种子期、初创期企业的容错机制，即针对地方股权基金中的种子基金、风险投资基金设置不同比例的容错率，推动种子基金、风险投资基金投资企业发展早期"。因逐渐扩大了政府引导基金的容错范围，政府引导基金的容错机制已经在部分地区被尝试建立，主要就政府引导基金做出的投资决策是否已履行规定投资决策程序、是否存在道德风险等进行免责的界定，并倡议从政府引导基金的整体效能出发，不再是考核对单只母（子）基金或单个项目盈亏，而是进行综合绩效评价，而对于投资阶段更早，或投资行业更受支持的天使引导基金或特定行业引导基金，提高政府引导基金所承担的项目风险上限，容错的范围可从"不追究责任"扩大到"引导基金可以优先承担风险"。

以尽职免责为中心，以市场化机构的责任追究制度为参考，建立容错机制。主要原则应包括以下 5 个方面：①合法合规的投资决策，履职尽责的投后管理；②坚市场化运作，保持基金管理人的独立性；③清晰可执行的责任划分与认定；④综合评价要按照基金投资规律和市场化原则进行；⑤在制度施行环节，监管部门明确容错机制的适用对象和容错边界。容错机制特别适用于 100% 投资于种子基金、天使基金等按比例投资早期基金的综合基金以及偏早期基金。

15.4　政府引导基金投资的激励机制

政府引导基金属于政策性投资基金主要追求政策目标，在此过程中兼顾追求经济利益，而作为社会出资人的民间风险投资机构更多的是对经济利益的追求。由此可见，民间风险投资机构与政府引导基金之间存在利益冲突，需要设置冲突管理制度，激励混合基金，政府引导基金与民间风险投资机构之间的基金来投资种子期和初创期的创业企业，这种激励作用的发挥需要政府引导基金让渡部分利益给社会出资人，从根本上解决这类利益冲突问题。除此之外，税收方面的激励作用也是非常重要的方面，为实现创业风险投资结构均衡布局，需要给予初创期创业企业的投资机构及投资种子期创业企业税收优惠，保证创业风险投资市场的投资阶段结构比例基本均衡。

就激励的主体而言，主要涉及以下两方面内容：①为达到政策性目标，创业投资引导基金会采取让利，会给予基金管理人和社会资本一定的激励。但是，追求经济效益最大化的社会资本，其在对比子基金本身自由投资的收益与让利收益二者之间的大小后，一般会将资金投向其他高收益领域。②子基金对创业企业家进行激励。委托人必须根据创业企业家与创业投资家之间一次性代理委托关系、创业企业本身收益不确定性等这些特征，设计相应的激励条款。

15.5　政府引导基金投资的约束机制

政府引导基金提供资金给创业风险投资机构后，可能面临被创业风险投资机构侵害的风险：①资金有可能被挪用，未投资于种子期和初创期的创业企业；②未尽监督和管理之职，而在运作过程所形成的共同代理关系中，引导基金对风险投资家的约束力有限。因此，有必要建立约束机制，对其投资比例进行约束，避免市场失衡。

政府引导基金的资产的管理需聘请专业的创业投资管理机构，既要实现资产保值、增值，又要以扶持初创型中小企业发展为使命。但由于二者效用最大化目标并不完全一致，为了避免创业投资管理机构的机会主义行为，需要对其行为设计约束机制，避免其可能采取的机会主义行为，避免是侵害投资人的利益，使创业投资管理机构（投资经理）勤勉尽责地努力工作。

15.6　政府引导基金投资的监督机制

政府引导基金来源于政府财政的资金投入，而政府的公共资金资源有限以及所具备的经济实力是影响政府引导基金能否获得政府连续增长性的投入的重要因素。如果不对这些公共资金的运营进行监督和有效管理，加之创业风险投资市场本身存在巨大的投资风险，有可能出现造成财政资金的巨大损失和浪费的"寻租现象""道德风险"。并且，政府应处理好与政府引导基金管理层及创业投资机构之间的委托代理关系。

政府引导基金的监督机制要包含对政府引导基金管理机构和创业投资机构同时监督这两个层面，政府引导基金的投放既要保证财政资金的政策导向性，又要调动创业投资基金管理人的积极性，同时也要注重市场运作的经济效益。

本篇小结

要想提高政府引导基金投资效率，其投资行为必须规范，必须市场化运作，降低行政干预的影响。因此，政府引导基金的投资机制需要系统设计。创业投资引导基金的发展在全国一直处于领先的地位，但是其在十余年的运行发展过程中，也存在一定的问题，如创业风险投资机构将政府引导基金投资成熟期的金额和项目比率过高，而种子期和初创期被投资的金额和项目比率偏低。目前创业投资引导基金发展中的问题表明，政府引导基金要改善在引导创业风险投资运营过程中的投资杠杆效果，要准确界定各类主体的角色定位，系统构建创业投资引导基金的市场化投资机制对其投资行为进行规范。本篇基于主要研究内容，设计政府引导基金的市场化投资机制主要包括容错机制、激励机制、约束机制和监督机制。只有不断完善政府引导基金的投资机制，才能有效保障政府引导基金的合理使用，为实现产业升级和资源的优化配置提供资金支持。

（1）容错机制：推动政府股权基金投向种子期、初创期企业。针对政府引导基金作出的投资决策是否已履行规定投资决策程序、是否存在道德风险等进行免责的界定，并倡议从政府引导基金的整体效能出发，对政府引导基金政策目标、政策效果不能仅对单个项目或单只母（子）基金盈亏进行考核，需要进行综合绩效评价。

（2）激励机制：在政府引导基金运作体系中，设置冲突管理制度，激励民间风险投资机构与政府引导基金之间的混合基金，来投资种子期和初创期的创业企业，这种激励作用的发挥需要政府引导基金让渡部分利益给社会出资人，才能从根本上解决这类利益冲突问题。另外，税收方面的激励作用也是非常重要的方面，需要给予投资种子期和初创期创业企业的投资机构税收优惠，均衡创业风险投资市场的投资阶段结构比例。

（3）约束机制：加大其创业风险投资机构的投资比例的机制性约束，进一步引导创业风险投资机构按照创业风险投资结构比例要求对初创期和种子期的创业企业进行一定比例的选择性投资，以解决市场失衡问题。

（4）监督机制：政府部门要监督和考核政府引导基金的运营效率，充分保障引导基金资金充足，因此政府应建立确保实际运作中不偏离政策目标的科学管理机制，处理好与创业投资引导基金管理层之间的委托—代理关系，实现效用最大化的目标。

第六篇

研究结论与建议

16　结论及展望

本章作为全书的总结部分，主要对本书的研究结论进行全面概括和总结，得出一些启示，并在此基础上试图针对政府引导基金的监管和改进其投资效率方面提出政策建议。在本章的最后指出了本书不足之处，并以此为未来的进一步研究提供了方向。

16.1　研究结论

通过理论分析和实证检验，本书对上述问题依次进行了分析，并利用计量手段逐一加以验证。现将本书的主要结论归纳如下：

第一，政府引导基金政策能够有效促进多方面发展，但政策效率存在地区间差异。本书从政策文本年度数量、政策发文的主体、政策文本类型、政策关键词等方面对政府引导基金政策进行了文本量化研究，研究发展京津冀地区作为北方经济版图的核心区域，政府引导基金对促进地区大发展、地区创新创业以及养老服务等起着较大的促进作用。在此基础上，从政策力度、政策目标、政策措施三个维度构建了政策效率评价指标体系。通过采用层次分析法和熵值法对政府引导基金政策创新绩效和经济绩效两方面的产出水平进行赋权，运用灰色关联度对政府引导基金政策创新绩效和经济绩效之间的关系进行测量，研究结果表明政府引导基金还需要进一步提高政策效率。

第二，政府引导基金政策的协同机制有待建立。本书运用北大法宝，收集政府引导基金相关政策，对纳入研究样本的引导基金政策进行文本量化分析。京津冀地区出台大量的政策，为京津冀地区的发展提供了政策支持，但是政府引导基金政策也有一定的不足，未能充分发挥对我国经济发展的引导作用，本书通过从政策文本的年度分析、政策主体、政策的文本类型、政策的关键词等来进行文本量化分析可以看出，政府引导基金政策协同机制未建立，引导基金分布不均匀，同质化严重。引导基金重点关注创新服务与创新发展、产业发展与产业转型、民间服务业务外包、金融科技与小微企业、海洋经济与卫生5大方面的内容。

第三，政府引导基金政策效率还存在可提升空间。本书以京津冀三地2005~2018年的518条政府引导基金政策作为研究对象，对其经济产出与创新产出与政策投入之间的关系进行研究，结果显示：从政策效率的方面来看，京津冀三地政府引导基金政策效率达到较为理想的水平。从政策投入与产出效率的角度来看，京津冀三地政策效率均体现在创新绩效方面，北京和河北两地政策效率主要体现在国内发明专利申请数量上，而天津主要体现在技术市场成交额。从政府引导基金的政策效率和综合产出指标来看，津冀两地政策效率都达到比较理想状态，存在差距较小。从政策力度、目标、措施和综合产出指标的效率来看，北京市的政策力度、目标、措施与其政策产出的效率较低，可能是由于政府引导基金政策只是推动政策成果产出的原因之一而并非主要原因。河北省在其政策目标与政策产出的效率离理想效果还存在一定差距。津冀两地的力度与措施方面的效率较高，达到比较理想的效果，但离完全发挥政府引导基金政策效率还存在较大差距。因此，京津冀三地的政府引导基金政策效率还存在可提升空间。综上所述，天津和河北两地政府引导基金有较为理想的政策效率，北京市政府引导基金有相对较低的政策效率，还需要进一步提升。

第四，政府引导基金投资对象选择受多因素影响。对于影响政府引导基金是否投资的因素，本书设置了净资产收益率、资产负债率、企业成立时间、资产规模、营业利润率、资产的流动性、主营业务收入增长率、股权集中度八个变量；对于影响政府引导基金投资金额的因素，设置了净资产收益率、资产负债率、成立时间、资产规模、营业利润率、资产的流动性、营业务收入增长率、股权集中度、投资轮次、投资股权等十二个变量。通过数据分析，得出以下结论：企业成立时间越短，资产规模越大，股权集中度越高，获得投资的概率越高；投资股权越高，资产规模越大，营业利润率越高，获得投资的金额越高。而其余变量未能通过显著性检验。

第五，企业的网络关系能够显著影响获得政府引导基金的投资。通过获取科技企业与5个主体的社会网络关系，构建结构方程模型来实证研究企业的网络稳定性、网络强度、网络状态等。经过研究得到如下结论：科技型中小企业的网络稳定性、网络强度、网络状态对企业政府引导基金的持股具有显著的影响，就影响力大小排名而言，网络强度影响最大，而网络状态影响最小。

第六，社会资本对企业获得政府引导基金投资具有积极影响，且知识资本具有中介作用。以对长三角、珠三角、京津冀三大经济圈的科技型中小企业的问卷调查作为研究样本，对社会资本、知识资本和政府引导基金三者的关系进行研究，得出如下结论：①社会资本与政府引导基金持股呈正相关关系；②知识资本与政府引导基金持股呈正相关关系；③在加入知识资本之后，社会资本对政府引导基金持股的影响更显著，知识资本在社会资本与政府引导基金持股中起中介作用。

第七，政府引导基金投资时机选择的影响因素较多。本书主要研究被投资企业所在地区的发达程度、被投资企业的创新能力、市场竞争力和股权集中度对政府引导基金投资时机选择的影响。本书研究发现：①政府引导基金进入发达地区的企业较早，而在经济不发达地区政府引导基金进入企业的时间较晚；②被投资企业的创新能力与政府引导基金进入企业的时机呈正相关关系，即政府引导基金更愿意将在成长期和成熟期投资创新能力高的企业；③被投资企业的市场竞争力与政府引导基金进入企业的时机正相关，即市场竞争力越好的企业，政府引导基金将在企业经营的成长期和成熟期进入，以获取更高的收益；④政府引导基金投资所占股权比例与进入企业的时机的关系不显著。

第八，政府引导基金的投资效率有待提升。本书建立了包括投资规模、企业规模等在内的8个评价指标，并利用DEA-C2R模型对我国25只参股支持模式下的政府引导基金子基金的投资效率进行评价。当前政府创业投资引导基需从政府、投资机构、受投资企业等多方面展开创新，放宽投资限制，提升各方管理水平，增强机构与企业基金管理能力，提升基金运作效率。

第九，政府引导基金投资能够有效提高企业绩效。本书选取550家中小型高科技企业的数据，利用 SPSS 数据处理软件进行有序多元 Logistics 回归分析，分析了引导基金投资对企业绩效的影响，企业绩效采用创新绩效和成长绩效来衡量，其中创新绩效以绝对创新能力和相对创新能力来度量，成长绩效用企业利润率和市场份额增长速度来度量。实证分析的研究结果表明，政府引导基金与企业创新绩效倾向显著正相关，政府引导基金与企业成长绩效倾向也是如此。

第十，政府引导基金投资对企业创新具有积极影响。本书选择三个不同的代理变量来衡量企业创新，分别是无形资产、研发费用和专利数。基于企业面板数据进行回归后，得到如下结论：①我国政府创业投资基金投资总体上对于提升企业的创新具有积极作用。②政府投资引导基金投资对企业的发明专利数量和研发投入支出具有显著性的积极作用。③政府投资引导基金投资对企业的无形资产没有显著性影响关系。④无论是扩张期的企业还是成熟期的企业，政府投资引导基金的投资对企业创新都具有正向的影响关系。由此可见，政府引导基金投资可以通过引导企业在研发费用支出、发明专利方面更好地促进企业创新。

第十一，政府引导基金投资并未能提升企业价值。本书分别从两个方面来衡量政府引导基金投资对企业价值的影响：是否获得政府引导基金投资、政府引导基金投资的股权比例。经研究发现，新三板公司价值与政府引导基金投资不直接相关，具体而言，是否接受投资指标无论是对全样本公司而言，对公司价值没有显著影响，说明是否接受政府引导基金投资与公司价值相关性不大。而在接受政府引导基金投资公司中，政府引导基金投资持股比例的影响也不显著，说明政府引导基金持股比例与公司价值相关性较小。

第十二，创业投资引导基金的投资机制必须充分体现市场化。本书在创业投资引导基金进行系统化研究的基础上，构建政府引导基金的市场化投资机制，主要包括容错机制、激励机制、约束机制和监督机制，通过不断完善政府引导基金的投资机制，有效保障政府引导基金的合理使用。

16.2　政策建议

本书经过理论和实证的分析，发现了政府引导基金在投资和运行中的问题。

基于以上的研究结论，本书提出以下几方面的政策建议：

16.2.1 提升政府引导基金政策效率的建议

首先，建立引导基金政策协同机制。由于各地区在经济发展中参差不齐，例如，在京津冀地区，北京是我国的政治中心，资金雄厚。天津是金融创新中心，但是河北省相对较为落后。而京津冀联合发文量较少，因此，河北省应该主动与天津、北京联合起来，促进资源的优化整合，同时各部门应该协同联合发文，提升部门之间协同机制，满足京津冀一体化的多样化需求。

其次，完善地区引导基金法律制度。目前，各省份颁布的引导基金政策以实施细则类为主，即通知、通告、指南、公告相对较多，而规章条例类较少。另外，虽然现在政府设立引导基金项目比较多，但是其大部分投向成长期和成熟期的企业，而初创期的企业对资金的需求量大，却没有资金的支持，其中的原因就是国家没有及时出台相应的法律文件。

再次，完善政府投资基金信息披露制度。针对同质化扎堆的问题，政府部门应及时向监管部门披露信息，优化引导基金合理配置，政府应把引导基金合理分配到需要扶持的小微企业、服务外包企业、海洋经济等，使得急需资金的产业及时得到资金的支持尽量避免引导基金同质化扎堆的问题，不得在同一行业或领域重复设立基金，促进多种经济健康发展。

最后，协同创新利益分配机制及资金投资策略。由于政府引导基金存在使用效率低下等问题，因此，应该将市场收益分配份额交给企业，基金和承包方索取固定收益，企业获取剩余价值，企业为了使剩余价值发挥最大作用，在创新期后期阶段向承包方投资，从而激励承包方提高创新投入，实现基金效益最大化。改善基金使用效率低下，发挥基金的作用，从而促进创新型企业的发展，推动产业结构的优化升级。

16.2.2 加强政府引导基金监管的建议

目前政府引导基金还并不成熟，尚有许多待完善的机制，法律规定也没有得到很好的监管与落实。只靠市场驱动企业的融资需求或者单纯靠政府推动引导基金都没办法实现长久监管。很多问题都需要监管部门引起重视，加大监管力度。

首先，进一步完善监管体系，政府投资引导基金发展的规模和节奏要受到管控。根据国外的经验，通常新兴产业创业投资、投资风险较高，然而政府引导基金相对有限的规模，更需谨慎，严防隐性债务增加，不能对社会资本承诺固化收益、兜底回购。还要加强与基金公司、银行的合作，及时监督、审查基金的预算执行情况，监管机构也需进一步完善。加大对投资企业的监管力度，避免和减少因被投企业出现重大经营变化，而造成的基金投资收益损失。此外还要强调风险共担原则，政府以出资额承担有限责任，防止可能出现在基金运作过程中的"道德风险"。

其次，设置政府引导基金管理机构。在国家统一管理的基础上，地方政府根据对政府投资引导基金的管理要求和投资行为要求，明确地方政府职责，政府不得干预中小企业的日常经营及干预基金的决策等越权行为。同时，设立专门的预算部门，防止基金重复设立，对资金结余进行分析，减少资金结余。建立区域性的投资基金的管理机构，在统一要求下针对的具体情况，因地制宜，制定更有利于引导基金、第三方投资机构、被投资的中小企业以及地区经济的规定；另外，监督机构应该建立多方位的考核机制。对政府引导基金进行考核，需监督或者考察政府引导基金投资的中小企业是否有潜力，是否值得被投资。也要考核被投资后企业的各项财务指标，例如，销售收入增长率、净利润增长率等，考核引导基金自身的财务指标，例如，基金的内部收益、退出项目的本金回收比率等，考核引导基金自身运营的运营指标，例如，资金到位情况、项目方案/资料提交质量与及时性等，由于政府创业投资引导最重要的作用之一是杠杆作用，所以考核引导基金的杠杆放大倍数也是重中之重。

最后，政府间合作建立协同引导基金。地方政府可与其他省市政府相互合作，可以将两地政府的财政资金合理使用，建立的资金在于精而不在于多，充分地激发市场的活力，最重要的是，双方政府可将得到的资源进行互换，更好地发挥引导基金的作用，同时降低总成本。

16.2.3　改进政府引导基金投资效率的建议

首先，提高政府创业投资基金的市场化运作程度，促进政策性和市场化的统一。外国的情形显示，如果忽视市场需求，引导基金仅依靠政府推动，会缺乏实体支撑、产业基础，不能运行长久。平衡好政府的政策目标导向和基金管理投资人的需求是政府引导基金可持续发展的关键。政府前期需要布局科学，基金的运行管理要及时、有效的跟踪和监督，确保不偏离政策目标。并且，政府不能越位，坚持市场化运作原则。调整相关限制政策，优化基金的投融资结构。实现小与大规模、公益与盈利、跨区域、跨项目的投资结合、对接、整合。

其次，统筹整合各类创业投资引导基金，更大力度发挥基金合力作用。制定政策，对基金投资地域的限制适度放宽，支持和鼓励优秀基金管理人才和机构跨地区流动，均衡政府引导基金区域的发展。适当引进国外资金雄厚、专业经历丰富的风投机构合作，结合我国国情，给政府引导基金予以专业建议。从而有助于创业企业获得先进的国外技术，更好地利用政府创投基金促进企业创新。

再次，建立网上信息共享平台。由于各地区的政府投资引导基金具有强烈的地区保护色彩且投资基金引导基金地区分配不均。建立网上信息共享平台并将政府引导基金及需要被投资的中小企业的信息及相关需求放上去，可以减少各地区的政府引导基金的地域局限性。政府可以筛选出与创业投资引导基金需求符合度较高的中小企业进行投资，当有资金结余的时候，也可以从中筛选出有潜力的中小企业进行投资，减少结余结转，高效利用资金，避免浪费资金。中小企业的数量远大于投资基金数量，政府不能了解到每一个中小企业，投资过程中可能会错过有潜力有发展的企业，通过该平台，中小企业也可以看到投资基金的相关信息，找到适合自身且有希望投资自身的引导基金，主动联系基金方，可实现双赢。

最后，引进和培养专业性人才。政府引导基金机构内部应多培养专业性人才，提高其综合素质，并适当从外部引进在投资中小企业的方面较为权威的专家。在考察中小企业阶段，不被企业展现出的表象所蒙蔽，筛选出真正有发展潜力的企业，当引导基金出现问题或者被投资企业出现问题时，可以很快分析出所在问题并及时解决。在基金建立之初，就根据具体情况选择该基金的模式，达到事半功倍的效果。相应地，可以给予优秀人才一些物质上的奖励，如增加科研经费或者享有津贴等，可以调动优秀人才的积极性，使其可以更好地进行相关指导联系。

16.3 研究不足与未来展望

本书经过 3 年多深入系统的研究，基于理论和实证分析，得到了创业投资引导基金的融资效应和融智效果等结论，基于此，构建了创业投资引导基金的市场化投资机制，本书的研究取得了一定的研究成果，能为创业投资引导基金的投资管理提供良好的理论参考。但是也存在以下不足之处：

第一，在研究过程中，本书对创业投资引导基金的运行和投资情况进行了广泛调研，针对创业投资引导基金的整体情况有了深入的了解，并进行了理论分析，但是针对个案和长期的追踪本研究并未涉及，这也是今后研究中需要加强的地方。对于政府引导基金的发展来说，不同的发展阶段的运行特点和投资机制存在一定的差异，采用案例研究法能够将单只政府引导基金在不同发展阶段和不同生命周期中的特征进行详细的记录和分析，能够为政府引导基金不同发展时期的绩效考核提供有力的理论支撑。

第二，重点研究了创业投资引导基金的配置效应和投资机制，并采用系统分析法构建了创业投资引导基金的市场化投资机制，但并未针对不同主体之间的网络关系进行系统刻画和调研，在今后的研究中将深入考察政府引导基金在运行中各主体之间的网络关系，为后续界定网络主体地位和网络改进提供政策建议。

第三，本书从微观层面研究政府引导基金的配置效应，还需要分析政府引导基金投资对创业成本的影响。对于创业企业来说，创业成本的高低将影响其生存能力和发展能力，政府引导基金投资对创业成本的影响也是很重要的理论研究内容，由于时间原因，目前并未涉及此研究内容。

参考文献

［1］唐翔．政府引导基金绩效评价体系的建构——基于主成分和层次分析组合方法的研究［J］．当代经济，2021（10）：34-39．

［2］湖北省宜昌市财政局课题组，苗新华．如何规范政府引导基金的运作与管理——以三峡引导基金为例［J］．财政科学，2020（8）：121-131．

［3］李善民，梁星韵．创投机构响应政策还是迎合政策？——基于政府引导基金激励下的投资视角［J］．证券市场导报，2020（9）：14-23．

［4］陈旭东，刘畅．政府引导基金带动创业了吗？［J］．上海经济研究，2017（11）：22-32．

［5］寇宗来，刘学悦．中国企业的专利行为：特征事实以及来自创新政策的影响［J］．经济研究，2020（3）：83-99．

［6］黄丽英，何乐融．高管政治关联和企业创新投入——基于创业板上市公司的实证研究［J］．研究与发展管理，2020（2）：11-23．

［7］乔建伟．创业板企业融资决策对企业创新绩效的影响［J］．科技进步与对策，2020（12）：90-98．

［8］中国人民银行南昌中心支行课题组，张智富．金融风险与财政风险的协同管理研究——以政府引导基金为例［J］．金融与经济，2017（12）：57-64．

［9］李善民，梁星韵，王大中．中国政府引导基金的引导效果及作用机理［J］．南方经济，2020（8）：1-16．

［10］陈少强，郭骊，郑紫卉．政府引导基金演变的逻辑［J］．中央财经大学学报，2017（2）：3-13.

［11］赵杰，袁天荣．政府引导基金创新创业投资研究评述［J］．财会通讯，2021（10）：14-19.

［12］成程，李惟韬，阳世辉．政府引导基金对地区经济发展及溢出效应的影响分析［J］．财经理论与实践，2021，42（5）：18-25.

［13］余波，赵杰．我国政府引导基金的机制创新与潜在风险研究［J］．金融与经济，2017（12）：65-70.

［14］黄嵩，倪宣明，张俊超，赵慧敏．政府引导基金能促进技术创新吗？——基于我国科技型初创企业的实证研究［J］．管理评论，2020，32（3）：110-121.

［15］刘宁悦，黄子桐．政府引导基金发展探析［J］．宏观经济管理，2016（9）：34-38.

［16］施国平，党兴华，董建卫．引导基金能引导创投机构投向早期和高科技企业吗？——基于双重差分模型的实证评估［J］．科学学研究，2016，34（6）：822-832.

［17］丛菲菲，张强．国有创投资本能拾遗补阙吗？——基于我国创业投资事件的实证研究［J］．证券市场导报，2019（1）：20-27.

［18］马海涛，师玉朋．政府引导基金发展现状与制度改进［J］．地方财政研究，2016（5）：4-8+22.

［19］房燕，鲍新中．中国政府引导基金效用——基于随机效应模型的实证研究［J］．技术经济，2016，35（2）：58-62+101.

［20］闫林．关于政府设立引导基金支持产业企业发展的思考［J］．财政科学，2016（2）：102-106.

［21］杨林，李思赞．政府引导基金促进战略性新兴产业发展运作机制的研究综述［J］．公共财政研究，2015（6）：87-94.

［22］杨敏利，李昕芳，仵永恒．政府引导基金的引导效应研究［J］．科研

管理, 2014, 35 (11): 8-16.

[23] 谭中明, 朱忠伟. 我国政府引导基金实践模式比较与改进策略 [J]. 地方财政研究, 2013 (11): 25-28.

[24] 肖艳, 张书铨. 不完全契约框架下公私混合基金中剩余权的优化配置——基于政府引导基金参股投资模式的分析 [J]. 上海经济研究, 2013, 25 (8): 68-76.

[25] 翟俊生, 钱宇, 洪龙华, 黄艳. 政府引导基金运作模式研究 [J]. 宏观经济管理, 2013 (8): 58-59+76.

[26] 刘全山, 赵团结. 政府引导基金绩效评价指标体系构建 [J]. 财务与会计, 2020 (6): 54-57.

[27] 张杰. 中小企业集群融资模式创新研究 [J]. 经济纵横, 2012 (6): 118-121.

[28] 刘志迎, 侯光宇, 莫鸿芳. 政府引导基金补贴阈限的影响因素研究——基于融资约束视角的分析 [J]. 投资研究, 2021, 40 (9): 15-26.

[29] 徐明. 政府引导基金是否发挥了引导作用——基于投资事件和微观企业匹配数据的检验 [J]. 经济管理, 2021, 43 (8): 23-40.

[30] 江薇薇. 我国政府引导基金发展模式研究 [J]. 西部论坛, 2012, 22 (1): 29-36.

[31] 张蕾, 侯洁, 王志敏. 浅析政府引导基金"寻租"风险防范 [J]. 科技管理研究, 2011, 31 (22): 37-39.

[32] 齐岳, 廖科智, 张天媛, 冯筱瑢. 政府引导基金研究述评与建模展望——基于文献计量与投资组合的视角 [J]. 科技管理研究, 2020, 40 (4): 24-33.

[33] 赵海龙. 不同要约次序下政府引导基金的投资效率分析——基于不完全契约理论的视角 [J]. 现代财经 (天津财经大学学报), 2011, 31 (10): 84-93.

[34] 李佳欣, 崔婧, 吴作凤. 政府引导基金政策的文本量化研究——以京

津冀地区为例 [J]. 科技促进发展, 2021, 17 (5): 895-904.

[35] 李洪江. 政府导向型创业投资引导基金绩效评价指标体系研究 [J]. 科技管理研究, 2010, 30 (15): 45-49.

[36] 赵莎莎, 张新宁. 科技成果转化引导基金子基金的质量管理研究 [J]. 科学学研究, 2018, 36 (10): 1790-1794.

[37] 宫义飞, 张可欣, 徐荣华, 夏雪花. 政府引导基金发挥了"融资造血"功能吗 [J]. 会计研究, 2021 (4): 89-102.

[38] 何建洪, 马凌. 政府引导基金下创业投资经理人与风险企业的合谋分析 [J]. 科技管理研究, 2008 (9): 185-187.

[39] 赵成国, 陈莹. 政府引导基金运作管理模式研究 [J]. 上海金融, 2008 (4): 35-39.

[40] 郭丽虹, 赵新双. 优化政府引导基金效益的策略研究 [J]. 中国科技论坛, 2007 (11): 99-101+115.

[41] 丛菲菲, 李曜, 谷文臣. 国有创投资本对民营资本的引导效应研究 [J]. 财贸经济, 2019, 40 (10): 95-110.

[42] 孙雯, 张晓丽, 邱峰. 政府引导基金发展现状及其推进策略 [J]. 国际金融, 2017 (7): 75-80.

[43] 郑联盛, 朱鹤, 钟震. 国外政府产业引导基金: 特征、模式与启示 [J]. 地方财政研究, 2017 (3): 30-36.

[44] 赵建刚. 中国政府引导基金发展现状的研究 [J]. 生产力研究, 2016 (10): 31-33.

[45] 杨敏利, 王晗, 董建卫. 政府引导基金能引导社会资金进入创投市场吗? [J]. 中国科技论坛, 2015 (11): 107-111.

[46] 张慧雪, 贾西猛, 陈兰芳. 政府引导基金对企业经营绩效的影响——来自新三板市场的证据 [J]. 软科学, 2021, 35 (6): 85-90.

[47] 张华, 王杰. 政府引导基金管理模式的选择 [J]. 工业技术经济, 2012, 31 (4): 140-145.

［48］何云月．政府引导基金之温州模式研究［J］．湖北社会科学，2010（10）：84-87.

［49］李宇辰．我国政府产业基金的引导及投资效果研究［J］．科学学研究，2021，39（3）：442-450.

［50］梁圣义，秦宇．我国发展风险投资政府引导基金模式研究［J］．商业经济，2009（24）：70-72.

［51］韦文求，韩莉娜，林雄，刘洋．广东省地方政府引导基金的运行实践初探［J］．广东经济，2017（12）：24-31.

［52］李燕，陈金皇．政府引导基金发展的问题分析及改进对策［J］．经济研究参考，2017（51）：51-59.

［53］邢斯达．关于我国政府引导基金政策的思考［J］．商业经济研究，2017（17）：187-189.

［54］黄福广，张慧雪，彭涛，贾西猛．国有资本如何有效参与风险投资？——基于引导与直投的比较证据［J］．研究与发展管理，2021，33（3）：30-42.

［55］孙雯，张晓丽，邱峰．政府引导基金运作实践及其推进路径［J］．北方金融，2017（5）：27-32.

［56］吕莉．政府引导基金运作中存在问题的研究［J］．北方金融，2016（8）：52-53.

［57］张庆国．中国政府引导基金投资引导效果实证分析——基于联立方程模型［J］．财政科学，2021（1）：34-46.

［58］相德伟，李志英．政府股权投资引导基金：问题、分析与建议［J］．经济研究参考，2016（19）：22-27.

［59］冯冰，杨敏利，郭立宏．政府引导基金投资对创业企业后续融资的影响机制研究［J］．科研管理，2019，40（4）：112-124.

［60］李杰，程乾．政府引导基金的新发展与问题分析——以江苏省为例［J］．经济研究导刊，2016（6）：80-82.

[61] 王志敏，游智颖，谢艳华．论地方政府引导基金内部治理制度的完善 [J]．地方财政研究，2012（11）：61-64.

[62] 杨大楷，李丹丹．政府支持对中国风险投资业影响的实证研究 [J]．山西财经大学学报，2012，34（5）：52-60.

[63] 鲍晓燕，李洪江．国外政府引导基金绩效评价研究述评 [J]．北方经济，2011（4）：86-88.

[64] 吴应宁．政府设立创业投资引导基金的效益研究 [J]．发展研究，2010（10）：62-65.

[65] 邓晓兰，孙长鹏．企业创新、产业升级与政府引导基金的作用机制 [J]．山西财经大学学报，2019，41（5）：54-67.

[66] 查梓琰．国家治理视角下我国政府引导基金演进路径及发展方向 [J]．财政科学，2020（11）：56-67.

[67] 陈旭东，杨硕，周煜皓．政府引导基金与区域企业创新——基于“政府+市场”模式的有效性分析 [J]．山西财经大学学报，2020，42（11）：30-41.

[68] 董建卫，施国平，郭立宏．联合投资网络和引导基金网络对企业创新的影响 [J]．科学学研究，2019，37（2）：362-374.

[69] 刘刚．新常态下政府引导基金推动吉林省经济转型升级的创新模式探讨 [J]．商业经济研究，2016（22）：211-213.

[70] 鲍新中，董玉环，屈乔，王言．政府引导型创业基金的管理机构选择方法及其应用 [J]．科技管理研究，2016，36（9）：181-185.

[71] 李枚娜．政府投资基金的规范发展及守正创新 [J]．南方金融，2020（1）：76-82.

[72] 彭国华．政府产业引导基金运行实践与思考 [J]．现代审计与经济，2019（2）：16-19.

[73] 黄波，陈晖，黄伟．引导基金模式下协同创新利益分配机制研究 [J]．中国管理科学，2015，23（3）：66-75.

［74］夏家伟．京津冀地区私募股权市场发展问题与对策探析——以政府引导类基金为例［J］．中国物价，2019（12）：45-48.

［75］崔璐，申珊，杨凯瑞．中国政府现行科技金融政策文本量化研究［J］．福建论坛（人文社会科学版），2020（4）：162-171.

［76］周楠．天津科技创新政策文本量化分析——基于政策工具的视角［J］．科技与经济，2019，32（6）：31-35.

［77］徐美宵，李辉．北京市机动车污染防治政策效力评估——基于2013-2017年政策文本的量化分析［J］．科学决策，2018（12）：74-90.

［78］廖湘阳．改革开放以来我国高等教育管理改革政策文本分析［J］．现代教育科学，2002（3）：44-46.

［79］周博文，张再生．基于DEA模型的我国众创政策效率评价［J］．财经科学，2017（9）：121-132.

［80］彭纪生，仲为国，孙文祥．政策测量、政策协同演变与经济绩效：基于创新政策的实证研究［J］．管理世界，2008（9）：31-42.

［81］A Rahman. Challenges in Privately Joint-Ventured Project：A Case Study［J］. Journal of Logistics, Informatics and Service Science, 2019, 6（2）：90-107.

［82］W Ghodbane. Corporate Social Responsibility and Performance Outcomes of high Technology Firms：Impacts on Open Innovation［J］. Journal of System and Management Sciences, 2019, 9（4）：29-38.

［83］Grilli L, Murtinu S. Government, Venture Capital and the Growth of European High-tech Entrepreneurial Firms［J］. Research Policy, 2014, 43（9）：1523-1543.

［84］Luukkonen T, Deschryvere M, Bertoni F. The Value Added by Government Venture Capital Funds Compared with Independent Venture Capital Funds［J］. Technovation, 2013, 33（4-5）：154-162.

［85］Colin M. Mason, Richard T. Harrison. "Investment Readiness"：A Critique of Government Proposals to Increase the Demand for Venture Capital［J］. Regional Studies, 2001, 35（7）：663-668.

［86］Bates T. Government as Venture Capital Catalyst: Pitfalls and Promising Approaches［J］. Economic Development Quarterly, 2014, 16 (1): 49-59.

［87］Afful-Dadzie E, Afful-Dadzie A. A Decision Making Model for Selecting Start-up Businesses in a Government Venture Capital Scheme［J］. Management Decision, 2016, 54 (3): 714-734.

［88］Anson Wong. The Role of Government in the Venture Capital Market with Asymmetric Information［J］. Quantitative Finance, 2014, 14 (6): 1107-1114.

［89］Islam M, Fremeth A, Marcus A. Signaling by Early Stage Startups: US government Research Grants and Venture Capital Funding［J］. Journal of Business Venturing, 2018, 33 (1): 35-51.

［90］Boocock G. Venture Capital in Malaysia: The Role of the Government ［J］. Development Policy Review, 1995, 13 (4): 371-390.

［91］Dong-Won Sohn, Hyun Jeong Kim, Wonchang Hur. Effect of Venture Capital and Government Support on the Performance of Venture Firms in Korea ［J］. Asian Journal of Technology Innovation, 2012, 20 (2): 309-322.

［92］Schefczyk M. Determinants of Success of German Venture Capital Investments［J］. Interfaces, 2001, 31 (5): 43-61.

［93］Gompers P, Lerner J. The Venture Capital Revolution［J］. Journal of Economic Perspectives, 2001, 15 (2): 145-168.

［94］Bottazzi L, Rin M D, Hellmann T. Who are the Active Investors: Evidence From Venture Capital［J］. Journal of Financial Economics, 2008, 89 (3): 488-512.

［95］Allen L. University Spin-out Companies and Venture Capital. Research Policy［J］. Research Policy, 2006, 35 (4): 481-501.

［96］Bygrave W D. The Structure of the Investment Networks of Venture Capital Firms［J］. Journal of Business Venturing, 1988, 3 (2): 137-157.

［97］Gilson R J, Schizer D M. Understanding Venture Capital Structure: A Tax Explanation for Convertible Preferred Stock［J］. Harvard Law Review, 2003, 116

(3): 874-916.

[98] Murray G C, Marriott R. Why Has the Investment Performance of Technology-specialist, European Venture Capital Funds Been so Poor? [J]. Research Policy, 1998, 27 (9): 947-976.

[99] Colombo M G, Cumming D J, Vismara S. Governmental Venture Capital for Innovative Young Firms [J]. Journal of Technology Transfer, 2016, 41 (1): 10-24.

[100] Tan J, Zhang W, Xia J. Managing Risk in a Transitional Environment: An Exploratory Study of Control and Incentive Mechanisms of Venture Capital Firms in China [J]. Journal of Small Business Management, 2008, 46 (2): 263-285.

[101] Colin Mason, Richard Harrison. Closing the Regional Equity Gap? A Critique of the Department of Trade and Industry's Regional Venture Capital Funds Initiative [J]. Regional Studies, 2003, 37 (8): 855-868.

[102] Dyck I J A, Wruck K H. The Government as Venture Capitalist: Organisational Structure and Contract Design in Germany's Privatisation Process [J]. European Financial Management, 1999, 5 (1): 43-68.

[103] Tyebjee T, Vickery L. Venture Capital in Western Europe [J]. Journal of Business Venturing, 2006, 3 (2): 123-136.

[104] Del-Palacio I, Zhang X T, Sole F. The Capital Gap for Small Technology Companies: Public Venture Capital to the Rescue? [J]. Small Business Economics, 2012, 38 (3): 283-301.

[105] Cumming D. Public Economics Gone Wild: Lessons From Venture Capital [J]. International Review of Financial Analysis, 2014, 36 (C): 251-260.

[106] Lipuma J A. Corporate Venture Capital and the International Intensity of Portfolio Companies [J]. Journal of Chemical Education, 2007, 58 (9): 48.

[107] Yan A, Hübner G, Lobet F. How Does Governmental Versus Private Venture Capital Backing Affect a Firm's Efficiency? Evidence From Belgium [J]. Journal of Business Venturing, 2015, 30 (4): 508-525.

[108] Steier L. Confounding Market and Hierarchy in Venture Capital Governance: The Canadian Immigrant Investor Program [J]. Journal of Management Studies, 1998, 35 (4): 511-535.

[109] Lahr H, Mina A. Venture Capital Investments and the Technological Performance of Portfolio Firms [J]. Research Policy, 2016, 45 (1): 303-318.

[110] Buzzacchi L, Scellato G, Ughetto E. The Investment Strategies of Publicly Sponsored Venture Capital Funds [J]. Journal of Banking & Finance, 2013, 37 (3): 707-716.

[111] Gil Avnimelech, Dafna Schwartz, Raphael Barel. Entrepreneurial High-tech Cluster Development: Israel's Experience with Venture Capital and Technological Incubators [J]. European Planning Studies, 2007, 15 (9): 1181-1198.

[112] Beneden P V. Economic Trends in European Venture Capital [J]. Nature Biotechnology, 1999, 17 (3Suppl): 21-22.

[113] Elisabete, Gomes Santana Félix, Cesaltina Pacheco Pires, Mohamed Azzim Gulamhussen. The exit Decision in the European Venture Capital Market [J]. Quantitative Finance, 2014, 14 (6): 1115-1130.

[114] Mathenge G. An Exploratory Study on Venture Capital Growth and Regulation in Kenya [J]. Reliability Engineering & System Safety, 2015, 95 (11): 1154-1163.

[115] Sapienza H J, Amason A C. Effects of Innovativeness and Venture Stage on Venture Capitalist-Entrepreneur Relations [J]. Interfaces, 1993, 23 (6): 38-51.

[116] A. Rahman. Challenges in Privately Joint-ventured Project: A Case Study [J]. Journal of Logistics, Informatics and Service Science, 2019, 6 (2): 90-107.

[117] W. Ghodbane. Corporate Social Responsibility and Performance Outcomes of High Technology Firms: Impacts on Open Innovation [J]. Journal of System and Management Sciences, 2019, 9 (4): 29-38.

[118] F. Georgescu, B. Cozmanca, A. M. Cazacu and A. -M. Cojocaru. Fiscal and Income Incentives Trigger Imbalances in a Partly Functional Market Economy

［J］. Economic Computation & Economic Cybernetics Studies & Research, 2020, 54 (2): 5-22.

［119］R. Vanaga and B. Sloka. Financial and Capital Market Commission Financing: Aspects and Challenges ［J］. Journal of Logistics, Informatics and Service Science, 2020, 7 (1): 17-30.